自行车功率训练

完全指南

THE POWER METER

HANDBOOK

A User's Guide for Cyclists and Triathletes

[美]乔·弗里尔（Joe Friel）/著

潘震/译

人民邮电出版社

北京

图书在版编目（ＣＩＰ）数据

自行车功率训练完全指南 / （美）乔·弗里尔
(Joe Friel) 著；潘震译. -- 北京：人民邮电出版社，
2017.1
（悦动空间. 骑行训练）
ISBN 978-7-115-43669-6

Ⅰ. ①自… Ⅱ. ①乔… ②潘… Ⅲ. ①自行车运动－
运动训练－指南 Ⅳ. ①G872.3-62

中国版本图书馆CIP数据核字(2016)第273391号

版权声明

◆ 著　　　　[美] 乔·弗里尔（Joe　Friel）
　 译　　　　潘　震
　 责任编辑　王朝辉
　 执行编辑　杜海岳
　 责任印制　彭志环
◆ 人民邮电出版社出版发行　　北京市丰台区成寿寺路 11 号
　 邮编　100164　　电子邮件　315@ptpress.com.cn
　 网址　https://www.ptpress.com.cn
　 涿州市般润文化传播有限公司印刷
◆ 开本：700×1000　1/16
　 印张：14.25　　　　　　2017 年 1 月第 1 版
　 字数：143 千字　　　　 2024 年 10 月河北第 22 次印刷
　 著作权合同登记号　图字：01-2016-5334 号

定价：49.00 元

读者服务热线：(010)81055410　印装质量热线：(010)81055316
反盗版热线：(010)81055315
广告经营许可证：京东市监广登字 20170147 号

内容提要

　　本书是一本系统介绍用自行车功率计进行骑行训练的手册。书中内容从什么是功率计以及为何用功率计讲起，全面地介绍了如何运用功率计进行科学系统的骑行功率训练，如何利用功率训练提高效率，如何分析功率数据进而解析训练效果，如何利用功率训练提高竞赛表现等。书中还介绍了针对公路车及铁人三项车手的专属功率训练方法和训练计划。

　　本书适合广大的自行车运动、铁人三项运动爱好者学习使用，尤其适合那些已经具有一定训练基础，希望提高运动及比赛表现的中高级爱好者阅读参考。

目　　录

第 1 部分　什么是功率计，它能如何帮我？

第 1 章　为什么使用功率计？ ···· 3

　为什么用功率计？ ·············· 5

　为什么不用心率、速度或
　身体感觉？ ················· 10

　输出和输入 ················· 17

　警告！ ··················· 18

第 2 章　什么是功率？ ········· 21

　功率基础知识 ················ 21

功率计如何工作？ ·············· 25

使用功率计变得更快、
更强 ···················· 26

第 3 章　开始使用功率计 ········ 33

车把上面的是什么？ ·········· 34

千焦、平均功率、标准化
功率 ··················· 39

功率与时间和心率的关系 ····· 43

在一起才有意义 ············· 46

第 2 部分　如何使用功率计提高训练效率？

第 4 章　功率区间 ··········· 51

　功率区间概述 ··············· 51

FTP——最重要的数字 ········ 52

个人功率区间 ·············· 60

第 5 章　骑行的强度 69

你的骑行有多努力？ 70

你能控制好节奏吗？ 76

点燃火柴 82

第 6 章　更强、更快 89

基础期：强身健体 90

强化期：准备比赛 98

你是否更强、更快了？ 102

**第 7 章　高水平运动员使用
　　　　　功率计的方法** 113

功率训练的组成 114

功率与周期化 121

成绩管理 131

第 3 部分　如何使用功率计提高竞赛成绩？

**第 8 章　公路赛和计时赛的
　　　　　功率** 135

重点 136

公路赛分析 137

计时赛分析 137

为公路赛和计时赛做准备 149

第 9 章　铁人三项运动的功率 161

重点 162

为铁人三项比赛做准备 170

**第 10 章　Century 骑行的
　　　　　　功率** 185

重点 185

为 Century 骑行做准备 194

附录 A　功率训练 205

附录 B　设定骑行心率区间 211

附录 C　分析软件简介 213

术语表 215

致谢 219

关于作者 221

第 1 部分

什么是功率计，它能如何帮我？

第 1 章
为什么使用功率计？

你为什么要训练？在你回答这个问题之前，我要确保咱们谈论的是同样的事情。"训练"这个词在这本书中会多次出现，它是运动员的口头禅。我在本书中使用这个词时，指的是有目的的运动，而这个目的就是提高成绩或表现。在这本书中，成绩或表现针对的是和自行车相关的事件，如铁人三项赛、公路车赛、计时赛、山地车赛或 Century 比赛（百英里，即 160 千米的比赛）。

让我们更深入一点。书中所说的"成绩"或表现，是指竞技性骑行——身体变得更强，速度更快，从而提高自己在比赛中的成绩，或者进阶到更高级别。

有些运动员和别人竞争，也有些运动员把自己当成竞争对手，试图超过自己之前的成绩。无论你是哪种运动员，都没有问题。但你都需要有目的地训练，来获得更强大的身体。

如果运动的目的不是提高骑行成绩——例如目的是减肥或保持健康，这两者当然都是很有意义的目标——那么我认为它是锻炼，而不是训练。而我们将要详细讨论的功率计训练是有目的的运动，以取得更好的比赛成绩为目标。

功率计是一种非常强大的训练工具，它可能比你之前用过的任何一件自行车装备更能让你变快和变强。即使你已经从事这项运动很长时间，且实现了所有你认为可能的强身效果，我保证你仍然有提高的空间。我曾经把一名多年位于大集团中间的车手训练到登上领奖台，而只是使用功率计训练了不到一个赛季。我敢肯定，你也可以。在体育运动中，人类所能达到的成绩潜在上限非常高，大多数运动员都从未触及。这时功率计就有所作为了。

你可能认识一些有功率计的人，而他们从来没有因为功率计而提高成绩。这很正常。使用功率计不是使用魔法，不是只要把它装在自行车上，瞬间你就能骑快了。首次使用功率计时，其看似非常简单，只是表盘上的数字随着你的踩踏力量发生变化。你可能会想："这有什么大不了的？"很多刚使用功率计的人都和我说过这些。"这些数字非常有趣，那又怎么样？"其实，直到你开始在电脑上查看下载的数据，"魔法"才会发生——如果你知道所有这些数字的意义的话。如果骑车后你曾经看过这些数据，就能明白我现在在说什么。那情景可能有点壮观，之前在车把上看到的那些数字，都变成了图形和表格。不过这些都是什么意思？它们能让我变得更强、更快嘛？

现在你将不得不相信我的话，它会的。阅读完这本书并将其中的基本知识运用到实际训练中，你就会看到变化的。你的新功率计将帮助你成为一名更好的车手。我们将在后面的章节中详细讲解如何去做。首先，让我们看一下功率计对于提高成绩都可以做些什么，以及它为什么比其他训练工具更好。

为什么用功率计？

为了变得更强、更快，为比赛做好准备，你需要进行身体上和心理上的准备，而你的功率计在这两方面都可以帮到你。一旦你知道如何使用功率计，它可以在以下 5 个方面改善你的训练，从而提高成绩。

让训练精确匹配比赛需求

这无疑是使用功率计最重要的原因。要改善身体状态，有效的训练必须精准满足需求。显然你要问："改善什么？"每一种高要求的赛事，无论是 6 小时的 Ironman®铁人三项（最长距离的铁人三项赛，其中自行车赛段为 180 千米）中的骑行项目，还是 45 分钟的绕圈赛，都有特定的身体要求。这时就要保证关键训练的时长和强度要正确。持续时间很容易控制，一只秒表或码表就可以完成工作；但强度则完全不同，也为训练带来了一些非常重要的问题。

第一个强度问题就是目标赛事的具体需求。那个赛事到底有多激烈，或者说多困难？有些赛事，例如 6 小时的 Ironman 骑行，要求你保持稳定但相对低强度的输出，但持续的时间很长。与此相反，45 分钟的绕圈赛则在极高和极低的强度之间波动。如果这两种赛事都采用相同的强度进行训练，自然无法达到目的。你的主要训练内容必须能够反映目标赛事的强度水平，才能让你的身体为赛事做好准备。

如果没有功率计，你只能猜测主要训练内容的强度。如果猜错了——太高或太低——成绩就不会理想。而有了功率计，你就会知道赛事的强度要求到底有多大，并将它"复制"到训练当中。在几周内，你可以准确把握训练强度，并逐渐提高训练强度，以达到目标赛事的要求。比赛当天你就不会感到惊讶，因为你的身体已经可以满足赛事的需求。

稳态节奏赛事

想要在计时赛或铁人三项这样的稳态比赛中取得成功，你必须计算好如何支出身体的能量。这被称为"节奏（Pacing）"。然而，即使是运动经验丰富的老运动员，也很难正确做到。大多数人刚开始都会太快，在比赛的后半程速度大幅下降。这是稳态比赛中最常见的错误，每场比赛都会出现。而使用功率计则比使用心率计更能纠正这个错误。事实上，心率计反而可能让节奏变得更糟。（你可能对我这个说法直摇头，但这是真的，在后面的章节中我会做出解释。）

正确的节奏不仅仅是初始速度的问题，还涉及爬坡的体力分配，包括小山坡；此外，还有逆风和顺风环境，以及整个比赛的安排。你将在第 4 章中了解如何使用功率计让这个工作变得简单。

了解并提高你的极限

这其实也是个类似的问题，但是情况却不相同，主要是针对你进行的各种速度经常变化的比赛来说的，例如绕圈赛、公路车赛和山地车赛。这种赛事中的挑战是：其他车手往往决定着你的节奏策略。比赛中出现的各种突围、冲刺、坡上进攻等短时间的情况，通常直接决定了比赛结果。虽然这种精彩的片段通常不超过两分钟，但却是关键时刻。如果你能跟上这些动作的发起者，那么你就做出了"选择"，可以获得好名次，甚至可能会赢！

"选择"的关键就在于了解这些关键时刻的强度、持续时间和出现频率。如果能获得类似比赛的功率数据，你就可以确切地知道当发生状况时，你能够做些什么——当然更好的情况是，你可以根据这些信息进行相应的训练。也许经过训练之后，你会成为这些动作的发起者，对其他竞争对手构成威胁。我们将在第 4 章详细讨论这个问题。

安排你的赛季

规划赛季被称为"周期化"。你可能很熟悉这个概念，因为它早在 20 世纪 60 年代就出现了，目前世界各地几乎所有的优秀运动员仍在使用。我在《公路车圣经：骑行训练完全手册（第 4 版）》[*The Cyclist's Training BiBle (4Th Edition)*] 一书中对此有过详细的讲解。简而言之，周期化涉及对训练量和强度的把控，从而保证在本赛季最重要的比赛到来时，你的身体达到最佳状态——我将这些比赛称之为"A 级比赛"。有了功率计，你可以使用一个叫作"训练压力分数"的数值来围绕 A 级比赛安排整个赛季。这种方法比使用每周小时或里程数或者估计强度的方法更为精确。我们将在第 7 章中进行讲解。

测量体能变化

有两个问题是每个运动员在整个赛季都一直在寻求答案的。第一个，也是最基本的问题是："我是否变得更强、更快了？"第二个是"我与我的竞争对手能比吗？"这个"竞争对手"指的可能是在一年前的同一场比赛中的你自己，也可以是会和你一起比赛的其他运动员。这些问题的答案让你清楚比赛中应该期待什么。有了功率计，你可以自己回答这两个问题。我会在第 6 章告诉你该如何做。

使用功率计的其他好处

上面的 5 个好处仅仅是个开始，本书还会讨论更多好处，其中包括以下几项。

- 根据目标比赛成绩设定具体的目标。

- 使用个人功率训练区间高效训练。

- 衡量成绩进步。

- 通过计划让身体在正确的时间达到巅峰状态去比赛。

- 量化疲劳程度，掌握如何管理疲劳。

- 知道锻炼或比赛中消耗了多少卡的热量，从而进行针对性的营养恢复。

- 通过比较功率和心率提高效率。

- 与教练更好地沟通训练和比赛情况。

- 激励你更加努力训练（我的队员第一次使用功率计都兴奋不已，有时我不得不命令他们停止训练）。

- 实现峰值比赛成绩。

最终的目的是学习如何通过功率训练来提高训练效果和比赛成绩。但如果你不愿意改变训练方式，上述这些好处也不会自己来。如果你已经根据"感觉"训练了很长一段时间，并停留在这种方式不愿意改变，那么也很难获得功率训练的好处。没有改变就没有提高，你将要学到的东西也会要求你改变训练观念。如果你不愿意这样做，那么功率计对你毫无用处。

相比之下，在过去 10 年中，自从我开始要求我的队员使用功率计，我就看到许多人取得了巨大，甚至是惊人的进步，而且所有人都进步了。有些人在很短的时间内就从默默无闻直接站在了领奖台上，而这在他们把功率计安装在自行车上并正确使用之前从来没有发生过。我会在后面的章节进行讲解。我敢肯定，你也一样可以取得巨大的进步。

为什么不用心率、速度或身体感觉？

为什么要使用功率计？你花了一大笔钱才买了一个，而换来的只是车把上面波动的数字，而且有些分析软件还非常让人头疼。更糟的是，你显然还不得不为了它改变训练方式。那么，为什么不继续使用心率标准？毕竟已经用了多年，可以说从一开始骑车就在使用心率计。又或者说只用速度来衡量训练怎么样？很明显，你想要的仅仅是骑得更快，而且普通的码表比功率计和心率计都要便宜，为什么不直接买个便宜的码表呢？或者，也许你非常传统，不喜欢在车把上安上显示什么数字的奇怪设备，你只是根据自己的感受去骑车和比赛。我非常理解你的想法，因为多年来我一直在回答这些问题。我们先来简单了解一下功率计为什么更能帮你取得好成绩。

心率

与大多数运动员认为的恰恰相反，心率是被动的，不是主动的。换句话说，它只是对肌肉在做什么做出响应。心脏本身并不能让肌肉更加努力工作，它不是"发动机"，只是一个"燃油泵"。当发动机（肌肉）在爬坡过程中努力工作时，心脏只是输送更多的血液帮肌肉保持工作状态。只根据心率训练就像是看着汽车的燃油表来确定车的速度有多快。这确实可以做到，但太糟糕了。

现在，不要误会我的意思。燃油泵（你的心脏）对于运动成绩是相当有价值的，没有它，发动机（肌肉）就不能工作。心脏工作的强度也是非常有用的信息，因为这与成绩间接相关。如果发动机正需要大量的燃料，说明它遇到了困难，因此这时心脏最好能够按要求提供能量。但没有哪个赛车手会把燃油泵作为决定成绩的关键，发动机才是赛车的核心，燃油泵最多算第二重要。

同样，我们作为自行车车手，当然也是关注发动机的工作要比关注燃油泵的工作更好。事实上，训练过程应该专注于强化发动机——你的肌肉。与那些习惯了使用心率计的运动员所相信的恰恰相反，肌肉才是几乎所有身体变化发生的地方。只关注血液被心脏输送到肌肉的速度并不是最有效的训练方法。

你很可能从加入这项运动的第一天起就一直在使用心率计了，心率计在 20 世纪 70 年代后期就出现了，因此运动员们都已经习惯了它。它在一定程度上确实帮助很多人提高了成绩，但是，除了上面描述的燃油泵与发动机的关系之外，心率训练还是存在很多局限的。心率会受到"外力"的影响，例如饮食、比赛日的兴奋和心理压力等。好比说，无论你是否正在运动，喝下含咖啡因的饮料，甚至是一杯糖水都会让心率增加；仅仅是和其他车手一起骑车，尤其是在比赛中，也会导致心率异常升高；即使是像与老板的争吵或发生其他令你担忧的事情，也会影响心率。而这些与训练强度完全没关系。此外，在训练中，如果是间歇训练，心率的反应会很慢，因此，前几分钟你不得不猜测该如何确定强度。

这一切都让你的训练和比赛变得很糟糕。这很可能是你没有把可以做好的事情做好的原因之一，尤其是在计时赛或铁人三项这类稳定节奏的比赛中。

不过，最大的限制是，心率没法告诉你自己的表现到底如何，它只能间接地告诉你发动机工作的强度，而这也只是基于发动机对燃料和氧气的需求。想要真正有效，必须把心率同其他什么进行对比。我将在第6章中告诉你如何对比功率和心率，以及这样做对于训练的好处。

速度

几年前，我被邀请去参加一次周六上午的长距离骑行活动，参加的人中还有几个铁人三项运动员，他们正处在比赛前的最后准备阶段。他们没有功率计。我们骑出停车场后，他们马上把速度提高到约40千米/小时，开始巡航，没有热身或任何言语。我们其他人也不得不立即全力以赴。几分钟后，我骑到他们其中一人的旁边，询问发生了什么事，为什么这么快。他告诉我，他们希望平均速度是35千米/小时，因为知道有山路，还可能遇到逆风，所以他们必须趁还有力气把平均速度提上去。一个多小时后，由于疲劳的出现，整个骑行队伍慢得要死。他们并没有实现当天的目标速度，这意味着下周他们应该在一开始把速度提到更高才行。多么奇怪的训练方式啊！

自行车的速度在很大程度上是由风力和山坡坡度来确定的。如果你骑车爬坡或遇到逆风，速度就会变慢；下坡和顺风时，就能骑快。无论在骑行结束之后的平均速度是多少，都应该考虑到环境因素，而不是当时的体能。有风吗？逆风和顺风时的风有多强？是上坡还是下坡？坡度有多大？比赛当天的风速有多大？骑到最长的爬坡时是顺风还是逆风？如果把速度当作衡量强度的标准，那么你几乎无法估计比赛的需求，也就不知道该如何去做准备。

使用了功率计，山坡和风就都不再是问题。在比赛中，当其他人都在猜测爬坡和逆风的情况下该骑多快时，用功率计的车手只需要按照预设好的功率继续前进。功率可以比速度更容易、更准确地确定强度。

感觉

我之前在网络上发过一篇题目为"*Why You Need a Power Meter*"（你为什么需要功率计）的博文，最近收到了一条来自某车手的评论。他告诉我，他现在和一个精英车手一起训练，那名车手并没有使用功率计或心率计，甚至连码表都没有，而他却真的很强很快。所以，他现在认为，按照感觉才是正确的训练方式。体育科学家称之为"感觉输出"。他们对此进行了分级，如0～10，其中10为最高。他们给每种强度下的体感分配一个数字，从而形成一种主观的强度量化系统——"主观感知输出等级（RPE）"。

其实，关于这种做法，我有很多要说的。如果你的功率计或其他任何设备在比赛当天没电了，你最好能够在没有它的情况下，继续有效地比赛。凭着感觉（或者说 RPE）比赛，是所有车手在 20 世纪初所做的事情。

上面提到的那位精英车手无疑属于那种被我称为"艺术家运动员"中的一员。很多精英车手属于这一类型。艺术家运动员鄙视数字，因为它们"妨碍真正的比赛"。这就是艺术家们的思维方式，他们完全不理睬媒体说什么，他们的行动是完全主观的，而这似乎是目前正确的训练方法。

有许多非精英车手也是艺术家运动员，他们愿意严格地按照感觉去比赛。有些人可以成功地做到这一点，但并不是所有的运动员都擅长这样做。凭感觉骑车需要冷静、精神集中地进行比赛，而我们中的大多数人其实是感情用事的。我们开始骑得太快，是因为我们很兴奋，而最终"爆缸"了。我们训练时会发生同样的事情，无论是速度、间歇，还是爬坡训练，只要是需要耐心、需要精确控制的骑行时，我们一般都在开始时速度太快，然后逐渐变慢。我们需要一种类似功率计或心率计这样的设备来告诉我们适当的运动强度到底是什么感觉。当我们最终真正掌握了这个能力，凭感觉比赛就成为一种可能。

运动员的另一种类型是"科学家运动员"。这些运动员试图通过各种个人实验，测试各种结果，来找到最适合他们的训练方法，从而提高成绩。如果你是其中一员，功率计会让你茁壮成长，因为它可能是最好的自行车训练实验工具。

还有些人是艺术家和科学家的混合体。兰斯·阿姆斯特朗就是一个例子。在他的鼎盛时期，他喜欢做实验，精确地测试训练的一切，例如消耗的热量、衣服的风阻以及不同车型的功率等。然而，当他来到赛场，又变成一个艺术家，假装疲劳迷惑对手，然后怒视他们一眼，在坡上拉爆他们。

现在你可能知道了自己是偏向于哪种类型的运动员。除非你已经将凭借感觉训练和比赛运用得易如反掌，而且还把自己的潜力发挥到了极致（这当然很难），那么我敢保证，功率计绝对可以帮助你！我训练的运动员中，凡是使用功率计进行训练的，无论是哪种类型，无一例外地都获得了巨大的进步。

多系统训练

书读到这里，你可能会认为我是建议你完全无视心率、速度和RPE。其实不是。上述的每一项都有重要的意义，都应该在骑行过程中进行监视。只是说，功率数据比其他 3 种数据更有意义，也让这些数据的关系更加紧密。有了功率，你可以把训练的世界看得更加透彻。这就好像看 3D 电影和看 2D 电影的区别，在 3D 电影中，一切都更加清晰，更有意义。

图 1.1 说明了我的观点。它显示了一名车手在稳定上坡、滑行下坡，然后开始在平路上继续踩踏这 3 段过程中，他的心率、RPE、速度和功率之间的关系。

请注意，随着爬坡稳步地进行，心率和 RPE 也随之升高，而速度和功率保持相对稳定。当车手开始滑行下坡，速度增加，而心率、RPE 和功率下降。应该看到，心率对于爬坡的反应有些迟缓，而刚刚开始下坡时，心率仍然持续升高。这种滞后性对于心率是很正常的。而 RPE 则随着爬坡开始、疲劳的出现而升高。一旦开始下坡，RPE 就迅速下降，直到平路又重新恢复。速度则在上坡时保持一个较低的稳定状态，下坡开始加快，最终到达平路时再次进入稳定状态。

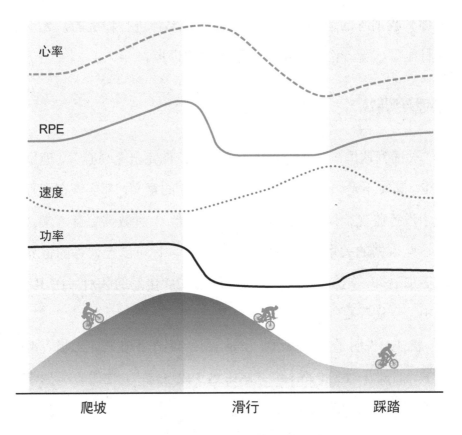

图 1.1　爬坡、滑行下坡和平路踩踏时，心率、RPE、速度和功率的变化

现在来看功率线。它也有类似其他 3 项数据的变化，但是反应速度相当快。在稳定爬坡之后，功率对下坡滑行立即做出响应。

功率线最能反映运动员的成绩，因为它直接测量车手的输出。

在爬坡和平路的功率越高，说明车手的成绩越好。这时候是和速度一样的。只有功率和速度直接与成绩相关。心率和 RPE 无法告诉我们有关成绩的事情——它们只是反映了车手的身体经历。然而，当与功率进行对比，心率和 RPE 确实能告诉我们一些关于车手体能的信息。如果与之前同一段爬坡进行对比，当功率较高，而心率和 RPE 相对较低时，我们可以知道，这名运动员变得更强、更快了。

输出和输入

在上一段中有个非常重要的信息，我希望你已经记住——"只有功率和速度直接与成绩相关，心率和 RPE 无法告诉我们有关成绩的事情——它们只是反映了车手的身体经历"。

我现在要讲解的是输出和输入。功率和速度就属于输出，它们告诉我们骑行中完成了什么；心率和 RPE 则属于输入，它们告诉我们为了实现输出，我们的身体做了多少努力。

这是个非常重要的区别。比赛是根据输出来评奖的，也就是说谁第一个通过终点线。而没有人因为最卖力气——输入最大——而获奖。事实上，如果这一级别的所有人都在努力赢得一场比赛，那么所有人的输入都是差不多的。每个人都要努力比赛，输入都很高。尽管如此，只有一个人会先通过终点，那个人的输出最高。

两个因素都很重要，但是只有一个是产生最终结果的。在第 6 章中，我会告诉你输入和输出的关系以及对训练来说的一个重要指标。

警告！

功率计并不完美，按照功率训练也有一定的局限。（在一本介绍功率训练的书中这么说是不是有点怪？让我来解释。）

我在前面"感觉"部分中已经提及相关内容。"safety"自行车（大小轮自行车的下一代）和自行车比赛，早在 19 世纪末就出现了，当然我们不去讨论当时它们的形式是怎样的。在那个年代，自行车的训练和比赛就像一种艺术形式，运动员们完全根据他们的感觉来进行他们认为正确的事情。他们的思维意识非常强大，也是因为他们没有其他选择。

而如今，恐怕运动员们正在丧失他们对于"比赛艺术"的感觉。在过去的 30 年中，自行车相关的体育领域已经变得更多地被科学所左右，而失去了艺术气息。可能其他所有运动都是这样，但在自行车项目中显得更为突出。首先是心率计开始了这个潮流，而功率计则把这股潮流提升到了一个新高度。其实，公路自行车比赛仍然要依赖感觉和艺术，这是因为这种比赛大多充满变数，比赛的环境和对身体的要求也会随着比赛的进行而发生变化。因此，唯一一种找回感觉和艺术感的方法就是去比赛，因为只有比赛才能真正让我们去体验那些不断变化的情况。

然而，针对公路赛的训练显然已经成为一门科学。稳态自行车赛，例如计时赛和铁人三项赛，甚至山地车比赛，在一定程度上几乎都要完全被科学包裹。

对于科学训练的最强支持者的我来说，表达这样一种哀怨似乎有些奇怪。不过我还是感觉有点茫然，因为运动员们改变了他们准备比赛和比赛中的竞争方式。

具备对训练和比赛的艺术感是一种珍贵的特质，它能让我们更深入地了解身体正在经历着什么。而我担心，我们可能正在或多或少地失去这种能力。为了避免这一损失，为了让自己成为一名全面的运动员，因此最好偶尔，哪怕每周一次，在骑行时不去看那些数字，或者只看一部分。这些时候，你可以把表头拆下来放入口袋（如果是无线的）。这样，之后还可以收集并分析数据，同时看看自己的身体是一种怎么样的"感觉"。如果设备不是无线的，只要在屏幕上贴一块黑胶布就可以了。

这也就引出了我的下一个警告。对于一些车手——大多是科学家运动员——屏幕上的数字让他们上瘾，甚至具有无法比拟的激励作用。对于他们来说，训练就是要产生那些数字，特别是"大额"数字。如果是训练日，这种情况还好，算是一种挑战。但对于休息日就可能出问题。仍然保持大数字只会适得其反。如果你发现自己已经痴迷于保持"强身"的状态无法自拔，即使在放松日也是如此，那么最好把表头放在口袋里或贴上胶布，真正放松地骑车，没有任何数字，让身体告诉自己够不够放松。

当你第一次使用功率计骑车，车把上面的数字非常迷人。屏幕上有许多数字，而且不断变化。你的注意力很容易从道路上集中到表头上，忽略了身边的汽车。因此，前几次训练，最好找一条车辆和路口都比较少的线路进行。习惯之后，就可以回到正常训练线路了。记住，任何时候都要将注意力放在道路上，注意身边的危险，切莫让眼睛盯住功率计表头不放。

尽管上面我呼吁偶尔抛开功率计一次，专注于身体的感受，但我还是要强调一次，绝大多数骑行都要使用功率计，这才有可能让你变得更强、更快。一旦你真正明白了功率计使用的基本知识，当然我会在后面讲解，你的成绩一定会大幅提高。现在的重点是，了解为什么要使用功率计训练。下面我们开始讲解什么是功率。

第 2 章

什么是功率？

我希望通过阅读第 1 章，你已经明白功率计为什么是个宝贵的工具，以及它为什么被所有与自行车相关的体育项目的运动员广泛使用。在本章中，我将解释什么是功率。需要提前提醒你一下，接下来会经常出现一些专业术语。但到了这一章结束时，你应该能够给骑行伙伴解释一下功率计测量什么，以及它大致是怎么工作的。你也应该能够告诉他们你是如何使用它让自己变得更强、更快的。

功率基础知识

我们先从功率领域最常用的一个词——瓦特——开始讨论。功率计显示屏上的数字，其单位为瓦特，表示骑行中你消耗了多少能量。下面你还会看到，消耗能量的速度如何。我们会在第 6 章再次讨论功率与能量的关系。

功率的单位瓦特是以苏格兰发明家和机械工程师詹姆斯·瓦特（1736—1819）的名字命名的。他是个天才，经他改进的蒸汽机功率和效率都变得更高（这同样是提高骑行成绩所追求的），从而也成就了 18 世纪末到 19 世纪初的工业革命。他还提出了马力的概念以及功率测量的基础数学公式。

物理学中的功率

为了更好地理解功率的概念，我们来看看物理界如何描述它。毕竟，关于功率的概念均出自物理学，而且功率——你个人的功率输出，是提高骑行成绩的关键所在。接下来的某些内容第一次读到时可能有点难懂，但只要跟着我的思路走，你就可以明白。最后，你将对使用功率计骑行拥有更深的理解和喜爱上它。当然我也尽量讲得浅显易懂。下面我们就开始。

瓦特是功率的单位，是指工作完成的速度（可以认为是"时间"）。这里说的"工作"并非你每天去公司做的事情，而是指物体的物理移动，例如在健身房里做蹲起练习（两手将哑铃举在肩头站起来的动作）。这是我们说的工作，更严格的叫法是"功"。功与站起来的快慢无关，只要你将身体从这里移动到那里，无论你花了多长时间，做的功都是相同的。

功率则是指你做了多少功，以及做功的快慢。站起来越快（缩短了移动的时间），蹲起练习的功率就越高。物理学家将功率（P）、功（W）和时间（t）这三者的关系用公式表达为：

$$P = W/t$$

也就是说功率等于功除以时间。

我们来更好地了解一下功的概念。功是一外力（例如，从半蹲到站起来双腿伸直的力）移动一个物体（哑铃）通过一段距离（从半蹲姿势到完全站立）的结果。因此，我们可以说，功等于力（F）乘以距离（d）。写成公式就是：

$$W = F \times d$$

现在我们知道了什么是功，如果我们回到第一个公式（$P = W/t$），用力乘以距离（$F \times d$）来代替功（W），就得到了一个功率的新表达式：

$$P = F \times d/t$$

这个公式表示，功率其实等于力（举起哑铃站起来）乘以距离（移动哑铃多远）除以时间（站起来所花的时间）。例如，你增加了哑铃的重量，又做了一次蹲起（F），动作的幅度相同（d），时间也相同（t），就提高了输出的功率。这是因为力增加了。如果重量不变，站起来（F）和动作幅度（d）都不变，只是站起来的速度更快（t）了，功率也增加了。这次是因为时间缩短了。因此，功率是力、距离和时间三者相互作用的结果。

还跟得上我的思路吗？如果可以，让我们看看还能不能进一步简化。

你知道，距离除以时间等于"速度"。对于汽车，我们指的速度单位为千米/小时。它是以路程（千米）除以时间（小时）。因此如果速度（v）等于路程除以时间（d/t），我们把 v 也代入公式中，就得到了更加简单的表达式，而且对于骑车非常有用：

$$P=F \times v$$

这样就得到了最终的公式：功率等于力乘以速度。这是我带你从物理学绕了一圈想得到的结果。在自行车比赛中，力和速度的乘积要比功除以时间更容易理解。在自行车上，力是指你传给脚踏的力量，速度是指你踏动脚踏的速度。我们已经把最难的部分跨过去了，现在我们来了解骑车时力和速度与功率之间的关系。

骑行中的功率

骑车踩踏时，力和速度一直存在，而且决定着产生的功率大小。当你向下踩脚踏时，你就在用力（F）。踩踏得越重，力就越大，输出功率也就越高。[在物理学中，这个让脚踏转起来的力叫作"扭力（torque）"。这对于你理解功率并不是特别重要，但是你会在功率计软件中遇到这个词。]

踩踏时，脚踏的转动速度单位通常用"转/分钟"来表示，缩写是"RPM"。我们也称之为"踏频"，这个词你应该不陌生。随着踏频的升高——也就是更快地踩踏——功率理论上也就增加了。之所以说是"理论上"，因为这与你是否换挡有关系。同样的挡位下，踏频越高，意味着踩踏速度（v）越快，因此功率就提高了。

也就是说，为了增加骑行中的功率，可增加施加到脚踏上的力量（F），或者提高踏频（v）。在实际骑行中，增加力量的方式是，保持同样的踏频而增加挡位。例如，保持住踏频而从 53×17 挡变换到 53×16 挡。必须要增加力量才能保证踏频不变（需要踩得更重）。这会增加功率输出，从而提高自行车的速度。或者你可以保持相同的力量，不换挡，增加踏频，例如从 85 转/分钟 提高到 90 转/分钟。这样就缩短了做功的时间，从而提高了功率。

功率计如何工作？

因此力和踏频就是功率计探测的内容。计算踏频相对比较容易。对于功率计来说，只需要测量曲柄每转动一圈所用的时间就可以了。有些功率计需要在曲柄上安装一块磁铁，同时在车架上安装一个感应器。另外一些则测量曲柄转动产生的电波，从而确定踏频。力（实际测量的是"扭力"）更难计算。

要计算力，功率计需要有个叫"应力计"的装置。这是功率计上最昂贵的部分，占了总价格的很大比例。根据功率计的类型，应力计可能位于曲柄、中轴、后花鼓或脚踏里面。一般来说，一个功率计里面会有好几个应力计来确保数据更精准。好的功率计通常误差不超过±2%。

应力计是一个类似弹簧状的薄而有弹性的金属片。随着脚踏上力（扭力）的增加，应力计被轻轻拉长，从而改变了金属片的形状。当金属片发生非常微小的形变时，电阻也发生改变。通过这个变化的量可以计算出力（扭力）的大小。

我们再回到那个公式，$P=F \times v$。现在知道了力和速度，功率计就可以计算出你的功率（瓦），并显示在表头的显示屏上。简单吧？

使用功率计变得更快、更强

那么，如果功率等于力乘以速度（$P=F \times v$），如何才能增加力或踏频，或者两者同时增加呢？强大的车手通常会去提升两者。为了有好的成绩，他们会选择一个高挡位骑行，同时保持高踏频。例如，职业公路车冲刺选手可以使用 53 齿牙盘和 11 齿飞轮，同时保持 105~115 转/分钟的踏频。这样可以产生 1500~1800 瓦的高功率。因此他们冲刺的速度非常快。大多数业余车手在冲刺时可以产生 600~1000 瓦的功率，当然他们的挡位更低，踏频也不高。而对于耐力骑行，一名职业铁人三项运动员在 Ironman 比赛中可能会选择 53 齿牙盘，14 或 16 齿的飞轮，踏频保持在 85~90 转/分钟，大约 4.5 小时保持大约 290 瓦的平均功率。尽管实际数字可能不同而且不停变化，但是最好的运动员确实可以同时使用高挡位和高踏频。很有可能你还没有达到这样的水平——暂时的！

现在我们站在 9100 多米高的山顶终点来看看如何才能骑到这里，或者至少也要比目前能够输出的功率高。我会说明力和踏频的改善方法。在后面第 3 部分当中，我们会分类讨论每种比赛应该如何有效地提高功率，从而使你变得更强、更快。到时，我会详细解释如何将之前提到的功率物理学知识与在我的其他书中讲到的训练生理学有机地结合到一起。

力

这么多年来我训练过的运动员中，对于绝大多数来说，力是实现更大功率的关键。他们已经拥有了很多"有氧主动"肌肉。这些主要是慢肌纤维，或称Ⅰ型肌肉纤维，你或许已经有所了解。慢肌纤维可提升耐力，但它们并不是非常强大——应该说没有Ⅱ型肌肉纤维（快肌纤维）那么强，不过它们可以收缩很多次才会出现疲劳。你的身体遍布快肌和慢肌这两种肌肉，而它们的比例则由基因决定。好的耐力运动员拥有大量的Ⅰ型肌肉纤维，而冲刺选手则拥有很多Ⅱ型肌肉纤维。Ⅱ型肌肉纤维非常强大，但是也很容易疲劳。它们的收缩速度比Ⅰ型肌肉纤维快，非常适合冲刺，但不适合耐力骑行。

Ⅱ型肌肉纤维还有两个小类别，分别是"2a"和"2x"。2a 肌肉纤维具有部分Ⅰ型肌肉纤维的特征；2x 肌肉纤维（过去称为"2b"）可以变得更像 2a，也就是说它们的耐力属性可以得到提升。

经过适当的训练，本来可以发出很大力量的快肌纤维还可以具备更强的耐力属性，同时，慢肌纤维所产生的力量也可以得到提高。

啰啰唆唆地说了一大堆生理学的内容，目的就是想说明，好的训练项目可以帮你产生更大的力量，从而提高输出功率，我们将在第 3 部分详细讨论。

踏频

高挡位低踏频踩踏不仅功率输出方式不好，而且效率也低。这也是新手经常出现的问题。他们经常前面大盘，后面小飞，以 60～70 转/分钟的踏频骑行。相反，有经验的车手通常使用一个可以保持更高踏频的挡位。对于经过良好训练的车手来说，这个踏频一般在 85～95 转/分钟。研究显示，这种踏频对于车手踩踏能力的提升是相对有效的。第 3 部分将详细讨论如何针对不同的比赛类型进行想要的踏频训练。

基础训练

无论你是否使用功率计进行训练，基本的训练理念都是一样的。而使用功率计训练，改变的只是方法——如何测量骑行的强度，如何设计训练安排，如何分析训练和比赛成绩。而训练理论的公分母仍然是压力（stress）。

为了踩踏能发出更大的力量或使用更高的踏频，你必须给身体施加压力。换句话说，你的训练内容必须比之前的稍微有一点挑战。然后有一天左右的休息时间。在休息的这段时间里，身体开始适应新的压力水平。一般来说新压力占比不超过 25%。

身体的变化发生在运动生理学教科书中讲到的体能（fitness）的三大决定因素上：有氧能力、无氧能力和经济性。我们分别看看这 3 点，它们组合在一起——取决于你的训练——最终决定着你有多强、有多快。

有氧能力

有氧能力是体能的一个标杆，它是指在产出高水平功率时，身体能够利用的氧气量（即最大摄氧量，英文缩写 VO_2max）。持续几分钟的最大强度运动中能使用的氧气越多，输出的功率越高，体能越好。VO_2max 用数字来表示，反映的是每千克体重每分钟使用多少毫升的氧气。世界级男性自行车手的典型 VO_2max 值在 70 以上。普通人的这个数值则低一些。女性的值比男性低 10%左右，而且这个值会随着年龄的增加而下降。

我们之所以把 VO_2max 当作耐力体能的一个标准，是因为踏动脚踏所需要的能量当中是存在脂肪燃烧的。脂肪的代谢是以氧气利用率为基础的。当处于最大耐力强度时，身体使用的氧气越多，燃烧的脂肪也就越多，也就能产生越大的功率。使用功率计训练，可以设计出提高 VO_2max 的训练内容，也能更加精准地检测训练的效果。而如果没有功率计，这两件事都无法进行。

无氧阈值

无氧阈值（AT）是在辛苦的骑行中身体开始接近极限的那个

点。这个点有时也被称为"乳酸阈值"。你也可能见过"通风阈值"甚至是"血乳酸堆积起始点（OBLA）""最大乳酸稳定状态（MLSS）"这几种提法。体育科学家可以很快指出这些表示强度的不同名词之间的差异，不过我们无需深入讨论，只需要知道它们大概都指的是一个次最大强度。在这个强度下，你开始到达"红线"（达到长时间可持续输出的极限），呼吸会变得困难，意味着你无法长时间保持这个状态。按照0～10的感知评分，10为最大，那么无氧阈值应该达到7。

AT一般用VO_2max的百分比来表示。体能非常好的人，AT大概在VO_2max的85%左右。例如，一个体能不错的业余车手，VO_2max为60，AT为82%VO_2max，那么他在AT这个点，氧气的利用率为49毫升/（千克·分钟）。其他运动员的AT比例则更低。AT越接近VO_2max，说明体能越好，能骑得越快。

尽管职业车手在训练一年以后，VO_2max增长的量非常有限，但是AT却有大幅提升——如果训练确实有效的话。同样，使用功率计，你就可以准确地知道什么样的骑行才能接近或达到AT，从而施加压力，最终达到提升的目的。简单地说，当AT提高了，比赛时就能骑得更快。后面几章中，我们在讨论功率训练时，还会反复提到AT。

经济性

你肯定熟悉汽车的"经济"性能：每升汽油行驶的里程越多，

车子就越经济。骑自行车时，也有一个经济评价标准——米/毫升氧气。在任意指定次最大功率下踏动脚踏消耗的氧气越少，你就越经济。比赛距离越长，经济指标就越关键。

对于一名参加 Ironman 距离比赛的铁人三项运动员来说，经济性是成绩的决定性因素。而对于参加 45 分钟的平路绕圈赛的公路自行车运动员来说，经济性仍然很重要，但对比赛结果没有决定性影响。这是因为铁人三项比赛中的骑行要比绕圈赛的输出功率低很多。绕圈赛的强度基本在 AT 和 $VO_2 max$ 之间。

因此，这些体能指标对于某些成绩更重要。Ironman 比赛一般达到 70% AT 左右。在这样长的比赛时间内，选手不能浪费任何能量，因为肠胃消化吸收食物和水的能力是有限的。如果经济指标较低导致支出能量的速度高于吸收速度，那么运动员就会"撞墙"（译者注：因体内能量不足导致体能下降，甚至精神恍惚，无法继续运动）。而绕圈赛的车手则有浪费能量的资本，因为比赛结果并不会受到所浪费能量多少的影响。对于这种时间短的比赛来说，体内储存的能量是相当充足的，比赛结束前没必要进行补充。

骑车时，车手的经济性在 20%～25% 之间，也就是说消耗的所有热量中，有 75%～80% 都没有产生功率。大部分损失的能量都以热量的形式散发出去了。看起来像是损失了很多能量，而事实也正是如此。有趣的是，研究表明，具有较高有氧能力的运动员往往比能力相当但有氧能力更低的运动员的经济指标要低。

经济性与很多因素相关，其中一些在我们的控制范围之外，例如大腿股骨的长度（股骨长的人比股骨短的人踩踏经济性更高），慢肌纤维与快肌纤维的比例（慢肌纤维更经济）。这些因素更多地由你的父母决定。

关于经济性问题，你能控制的最重要的方面就是踩踏方式。"那些高挡位低踏频的车手"（mashers）不如"高踏频踩踏的车手"（spinners）经济。向脚踏施加扭力的速度有多快，对于成绩有着重要影响。有了功率计，你就可以确定自己最佳的踏频范围，而踏频范围是你想要取得好成绩所要获知的关键信息。

总之，我想要说的是，购买功率计绝对是个正确的决定。它可以显示你的功率水平，并监督你的训练情况。换句话说，这是监督和关注训练的最好方式。你不仅可以成为一名更精明的车手，而且也会比以前任何时候都更强、更快——前提是你要懂得如何使用。下一章我们就要进入这一话题。

第 3 章

开始使用功率计

本章的目的是帮助你熟悉功率计，让它充分发挥作用。当然，功率计本身并不会施魔法，不是只要将它安装在自行车上，瞬间训练就不同了，一夜之间你就能登上领奖台。正如其他任何工具一样，你必须知道如何调试它，如何物尽其用。要学的内容还是很多的，因为功率计是相当复杂的设备。阅读过前面两章，你可能已经开始有了一点感觉。其实到目前为止，我们只是接触了一些皮毛。

功率计作为一种可移动的设备用在自行车上，应该说还是一件比较新鲜的事物，其实它被用在运动生理学实验室里面的笨重设备上已经有几十年的历史了。体育科学家用它来研究运动成绩，以及与有氧能力、无氧阈值和经济性相关的可以想到的一切可能。

从本质上讲，自行车上的那个东西是一个强大的科学工具。毫无疑问，它可以帮助你成为一名更好的车手，但首先你得弄清楚如何使用它。

车把上面的是什么？

在开始认真进行功率训练之前，我建议你装上新功率计随意进行 7~10 天的骑行。这段时间，就像之前那样去训练。如果以前一直使用心率计或通过身体感受来调节训练强度，那么这几天继续这样做。给自己留出时间学习如何操作功率计，同时了解功率、心率、RPE 和速度之间真实的关系。这段时间，你只需要经常看看表头上的数字，就会了解到自己在训练中都做了些什么。（再次提醒你：眼睛不要一直盯着数字看，注意交通安全！）

每次训练结束之后，将数据上传到电脑上，查看各种图表。目前还不需要进行深入的分析，我们后面才会讲到。现在的工作是熟悉一下界面，观察一下自己在加速、滑行、爬坡、冲刺或和其他人一起骑车时，功率分别是什么样的。

如此一周左右，你应该就可以根据了解到的那些信息，按照功率来调整训练安排了。首先，根据显示屏上的数字来管理训练强度，这和使用心率计差不多。读到后面的章节后，你会更加熟悉如何使用功率计，可以对训练和比赛进行更多调整。调整后的变化将是相当巨大的。你将根据看到的自己的功率数字来决定该多用力。如果你已经习惯了采用心率和身体感受的方法，可能需要一段时间适应。最终，你将成为使用功率训练和比赛的老手。我会带着你一步一步地前进。

第一步是了解车把上面的自行车"电脑"，或者叫作功率计表头。表头上面显示数字的方式由功率计的类型决定。有些表头是和功率计配套的，这样的话，必须使用专用表头。如果是有线的功率计，则更没有选择的余地。

好在如今大多数功率计都是无线的，因此表头的可选性也大了很多。很多无线系统使用"ANT+"技术。这是表头和功率测量装置之间的一种传输协议。它已经成为一种普遍标准。任何 ANT+表头都可以搭配支持 ANT+的功率计使用，从而让表头的样式以及显示方式和界面更加随心。你可以阅读功率计的使用说明，看看它支持哪种通信方法。

不同表头之间的一个主要差别就是在屏幕上可以同时显示的信息数量。有些表头只能显示 3 种数据，而有些则可以同时显示 8 种数据。当然，很多表头可以自定义显示的内容。这是购买新表头时需要考虑的一个主要产品特点。有些表头支持触屏，有些则使用物理按键。迷你显示（minidisplay）技术还造就了 Garmin 的腕表系列，同样也支持 ANT+，可以在你跑步的同时显示数据。它还具备防水功能，适合游泳时佩戴。因此，如果你是一名铁人三项运动员，这无疑是个不错的选择。

功率计的功能很多，下面是表头上经常显示的内容。不过，并不是所有的表头都采用我下面所使用的显示缩写名称，如果不同，请参考用户手册。

功率

这是你想要看到的最基本信息。如果你的表头支持自定义显示，建议你把当前功率或即时功率（通常显示为"WATTS"或"PWR"）数据放在显眼的位置，例如左上角，骑车时眼睛扫一眼就能看到。这是最经常要看的数据。

心率

不能因为有了功率计，就把心率忘了，心率仍然是非常有价值的信息。在第 6 章中，我会教你如何对比功率和心率数据，从而准确地评估自己有氧能力的变化。同样，如果你的表头支持自定义显示，我建议将"HR"（心率的英文缩写）放在功率的旁边，以便于查看和比较。

时长

除了强度（WATTS 和 HR），训练的另一个重要组成部分就是持续时间（时长），或者说骑了多久，因此时长也要显示在显眼的位置。你也许能够选择"TIME"（时间）或"MILES"（英里）（也可能是"km"，代表千米）显示；还可能有其他选项，例如千焦（"kJ"），我将在本章稍后进行介绍。我更喜欢设置显示时长，因为我相信，和功率进行比较时，时间比距离更有价值。例如，你会在后面看到，间歇训练通常是按照时间来安排的，而非距离。某一功率你能够维持多久也与指定的时间关系更密切。但是如果你愿意选择设置为距离，并把距离当作骑行的持续时间指标，我也不反对。

踏频

我在当教练时，总能发现有人在爬坡或冲刺时使用过高的挡位，我希望他们能够使用更低的挡位和更高的踏频。因此我建议将踏频设置成下一个显示内容（表头显示"RPM"或"CAD"）。如果你不存在这样的问题，则可以直接忽略这一步。

海拔高度

爬坡对于所有自行车运动员来说都是一个巨大的挑战。很多ANT+表头都可以检测爬坡情况，在显示屏上显示高度的变化（"ALT FT"或"ALT MT"，单位分别是英尺和米）。有些还可以选择显示坡度（"%GRADE"）或者爬升高度（"FT GAIN"或"MTR GAIN"）。

有些表头使用全球定位系统（GPS）来实现这个功能，其他则根据气压估算。你可能注意到，停车等红灯时，表头的海拔读数会出现跳动，这对于两种系统来说都是正常的，原因是出现了新的卫星（GPS）或温度和气压变化（气压计）引起的"自动矫正"。GPS和气压计，哪个确定海拔更准确呢？不同的专家有不同的观点。而对于骑车来说，这并不重要，我们需要的是可靠性。功率计也是如此。

你甚至可能会发现，将骑行数据上传到电脑里，对于爬升的高度以及起始和结束的海拔这些指标，表头和电脑软件显示的并不相同。这也很正常，主要是因为计算方法不同。有些软件，例如TrainingPeaks 和 WKO+，根据美国地质勘探局（USGS）的卫星来矫正海拔数据（如果你的数据来自 GPS）。当然，最重要的数据是高度的变化，而不是某一点的实际数值。我建议以软件的数据为准，并将其用于数据分析。

速度

我从未见过任何一个对速度不感兴趣的骑车人，因此大多数车手在自定义显示功能时会让表头显示速度（"MPH"或"KPH"）。其实，除了寻求速度的刺激外，查看速度还有另一个好的理由。在第 5 章中，我将告诉你如何结合速度和功率，顺利地完成计时或铁人三项这种稳态比赛。

温度

有些表头可以显示温度（"TEMP"），有些只测量温度但不能实时显示，之后把数据导入电脑软件才能看见。温度测量不仅与骑行的温度和舒适度有关，如果你的表头依靠气压计算海拔，还需要根据温度进行调节。老式的功率计会受到温度明显变化的影响，而最近推出的自校正产品降低了这种误差。

其他

很多表头还可以显示更多其他数据。例如，瓦/千克体重（"W/kg"）、当前功率区间（"ZONE"）、标准化功率（"NORM PWR"）、训练压力分数（"TSS"），以及强度因子（"IF"）。我将在后面的章节中解释这些名词。它们都是反映成绩的关键因素。你可以等到了解它们的意思之后再决定显示哪些内容。

根据所用的功率装置，还可能有更多选择。例如每小时垂直上升多少米（"VAM"），千焦/小时（"kJ/HR"），左、右踏板平衡（"L-R"）。GPS表头还能提供地图和导航功能。

功能多了，设置也变得不轻松。不过现在使用默认设置就足够了。随着了解的加深，你可以再根据需要和兴趣进行个性化设置。

千焦、平均功率、标准化功率

还有一些数据看着用处不大，但对于训练和数据分析同样重要。我会在后面的章节中解释如何将它们运用到训练和比赛中去。如果你在阅读本书或者在表头和软件中看到这些词，又一时不知道是什么意思，可以查看书后的术语表。

千焦

在第2章中我讲过，功率（单位为瓦）表明骑行中的能力输出。用它来解释我们产生的力量和踏频似乎有点奇怪，但它们中涉及的功率意义确实相同。力和踏频两者增加时，会使得输出的功率提高，那么踩踏需要的能量就增大。

我们习惯把自身消耗的能量用卡路里（简称卡）来衡量，常用单位为千卡（1 千卡约为 4.184 千焦）。平时我们可能不会在意它，但是它在训练中非常有用。因为，机械能，也就是用于骑车的能量，同时也是功率装置感应的能量是用"千焦"来表示的。你的功率计也是这样工作和显示的。知道千卡和千焦的关系能让你了解自己消耗了多少能量，从而规划自己的饮食和营养方案。

它们的关系是这样的：1 千卡约等于 4 千焦（实际上是 4.184 千焦，但我们不需要如此准确）。人类踩踏自行车的效率大约是 25%——实际可能更低，但取 25% 便于计算。这就是说，人在骑车时身体产生的生物能（千卡），只有大约 1/4 转化成自行车的驱动力（千焦），其他大部分以热量的形式散发出去（这与环境温度无关）。因此，如果机械能的效率为 25%，由于 1 千卡约等于 4 千焦，因此产生每 1 千焦的机械能量就等于燃烧掉 1 千卡（约 4 千焦）的生物能量。换句话说，如果骑行后你的表头上显示 500 千焦，说明你已经消耗了大约 500 千卡（约 2000 千焦）的能量。这个数字可能比实际值高约 10%，不过个体之间的差异也很大，表头上的数字并不会影响我们的训练。事实上，它非常有用，我们会在后面讲到。

平均功率

如果你原来使用速度码表或心率计进行骑行训练，一定知道平均速度和平均心率。而平均功率与上述两个术语很类似，它是用骑行中产生的总瓦数除以这段骑行使用的时间（例如分钟）。这个计算过程通常由功率计自动进行，直接显示在表头或上传后显示在软件中。平均功率非常简单——简单到可能不能作为我们训练和比赛的最有用的信息。我们一般会使用另外一种数据——标准化功率（NP）——进行大多数数据分析。

标准化功率？为什么不是平均功率？

即使我会在后面几章中偶尔提到平均功率，但更多地还是使用标准化功率（NP），它更能反映骑行的真实情况。NP 其实只是考虑了各种变量后重新调整的平均功率，因此比平均功率更能反映出骑行的努力程度或代谢值。那么，什么是"标准化"？

将数据进行标准化的一种方法就是用一组数据除以另一组数据。例如，我们可以根据体重来标准化几名车手的功率（事实上，我们会在后面的章节中这样做）。需要做的就是用功率除以体重。例如车手 A 的体重为 82 千克，某一次骑行的平均功率是 210 瓦，那么他的体重为 2.6（210÷82≈2.6）瓦/千克。我们可以与车手 B 在相同线路上的数据进行对比。假设车手 B 的体重为 54 千克，平均功率为 150 瓦，她的 NP 为 2.8（150÷54≈2.8）瓦/千克。从而我们得出结论，车手 A 的平均功率更高，但是车手 B 的单位体重功率更大。这种关系在某些情况下非常重要，例如爬坡的时候，我们会在后面讲解。现在我们只是解释一下什么是标准化。

NP比较的是骑行的平均功率与功率的变化范围。因此，当你看到"标准化"这个词，就应该能想到，我们已经改变了检查的参数。让我们试试能不能更好地理解它的意义。

如果你看过软件里自己的骑行功率数据，会注意到图表中有很多的锯齿。如果比较同一次骑行的功率和心率，你会发现心率的波动要小得多。这是因为功率的变化很大，而功率计也非常灵敏，心率则不会出现太大变化。如果你是一台机器，我们可以把你设计成以稳定、平均的功率输出；但你是个人，而人类在消耗能量时就是忽高忽低的。每次功率突然升高，都说明消耗的能量比绝对的稳定骑行要高。平均功率并不考虑这些细微变化，不考虑踩踏所用的能量，而NP则考虑得很全面。

NP的改变对于功率训练至关重要，因为它考虑了所有可变因素，能够真实反映骑行的身体支出。我会在后面的章节中经常提到NP。为了让大家加深印象，我来举两个最近亲身骑行的例子。

不久之前，我特别忙，每天只有1小时的时间锻炼。你肯定能够理解，有时候必须在忙碌中挤时间骑车。我恰好住在一个小山坡上。这段坡大约有1.6千米长，坡度5%。这1小时我就反复爬这个坡。我在上坡发力，并以几次高踏频加速；到顶后，掉头滑行下来。1小时后，我的平均功率为141瓦。第二天，我感觉很累，所以找了一段平路以中等强度骑行。有趣的是，这次的平均功率还是141瓦。这两次骑行除了平均功率一样外，其他几乎毫无相似可言。1小时的爬坡绝对比平路骑行消耗了更多的热量。这时，NP就可以反映出两次骑行的差别了。爬坡训练的NP为176瓦，平路则为 149 瓦。如果只看平均功率，那么唯一能得出的结论是这两次骑行的支出和消耗都相同。而它们显然是不相同的，NP 则能够揭露事实。

因此，NP 告诉我们的其实是一次骑行的真实感受，它比骑行时的平均功率更能揭示训练的真实情况。在上面的例子中，反复爬坡感觉比平路稳定骑行更难，而 NP 则展示了一个平均功率无法体现的差异。另外，NP 还让我们对某次骑行的能量消耗有了更好的把握。爬坡加速比稳定骑行消耗更多的热量。因此，我们要使用 NP 进行骑行数据分析。（如果你还没有完全掌握 NP 的意思，请花几分钟重新阅读这一部分。）

功率与时间和心率的关系

前面我建议在设置表头时，将骑行时长和心率设定在明显的位置，因为它们是仅次于功率的重要数据。新功率计使用大约一周后，你可能会注意到功率与时间以及功率与心率之间存在着某些有趣的关系。这些关系对训练具有非凡意义，我们会在后面详细讲解。现在简单了解一下。

功率与时间

读到这里，你可能对功率训练有了一些想法。前面讲过，表头上的功率值与你的身体输出和消耗存在紧密联系。同样，功率也与一次骑行的时间，或其中某一部分存在密切关系。

如果你一直以接近最大功率输出骑行，那么随着时间的增加，功率会下降。如果你已经使用功率计骑了几次车，这一点应该有过亲身体会。你可能在某次训练或比赛中进行了一次几秒的冲刺，然后在表头或软件中看到这段功率在图中形成一个尖。你认为自己能够将冲刺时的功率维持1小时吗？绝对不能。一分钟呢？如果是全力冲刺，那答案仍然是否定的。

你的个人功率水平与输出的时长相对应。随着训练时间的增加，如果你正在进行高功率输出，那么NP和平均功率都会下降。这在比赛中更为明显，间歇训练也是如此，不过暂时先不讨论。功率和时间成反比——当其中一个量发生变化，另一个量反向变化。"5%原则"会解释这个问题。

所谓5%原则，说的是当某一骑行的时长翻倍，更长时间的这次骑行能够产生的最大功率输出将下降5%。举个例子，如果你参加一次20分钟的计时赛，然后很快又要参加另一次大约需要40分钟的计时赛，那么你可以估计出在第二次比赛中的功率比第一次低5%。也就是说，如果你在20分钟比赛中的平均功率为240瓦，那么预估的40分钟比赛的平均功率则为228瓦（240×0.05 = 12，240 − 12 = 228）。如果你想根据一次已知骑行来估算新骑行的功率输出，这个原则就可以派上用场了。（这个原则有一个有趣的例外情况，我将在第4章"FTP——最重要的数字"一节中解释。）

功率与心率

你可能已经使用心率计训练很长时间了。心率计早在 20 世纪70 年代就出现了，目前几乎各个级别的车手都在使用。为了让心率计发挥最大功能，你肯定设置了几个训练区间。下一章中，我将告诉你如何按照功率设置训练区间。但在此之前，我需要保证你知道这两套区间之间的关系，因为很多运动员都搞不清楚，特别是当他们对比骑行的心率区间和功率区间时。

从第一年的正式训练开始，随着有氧能力的提高，你的心率区间也趋于稳定。一旦稳定之后，在整个赛季的测试中只会出现小幅变化。这些变化更多地由测试时身体是疲劳还是精神百倍而定；还可能受到饮食、温度和积极性的影响。总之，心率区间受身体因素的影响不大，非常稳定，变化很小。

相反，功率区间在一个赛季中会有比较多的变化。这是件好事。随着耐力的提高，你能够在一定心率下实现更高的输出。（第 7 章中，我会告诉你如何使用这个变化来衡量有氧能力的提高。）也就是说，随着体能的变化，功率区间也会变化——而心率区间保持不变。在赛季初期，身体状态处于一个较低点时，这两组区间非常相近。换句话说，在基础期，骑行的心率在 2 区，功率也在 2区，虽然还是存在一些差别。但到了强化期，也就是第一个大赛到来之前不久，可能心率在 2 区而功率在 3 区。不要被吓到，这是件好事，而且能帮你了解如何衡量训练强度。我们的大部分训练将使用功率区间，而不是心率区间。

在一起才有意义

根据功率来训练的一个最大好处就是训练结束后可以查看图表。你可以看到自己是不是达到了之前设定的比赛目标，还能够自己回答以下问题："我变强了吗？""接下来的训练该做什么？"要回答这些问题就要进行数据分析了。分析过程可以很简单，大概看一下几张图表就能搞定；也可以非常复杂，要花大量的时间。如果你从不分析，那么功率计就完全没用了，它只是变成了车把上面一个很贵的装饰。

你需要功率软件吗？

答案当然是"需要"。你绝对需要软件，这样才能让功率计成为一个真正提高运动成绩的工具。后面我会告诉你如何查看训练数据，这样你就能知道自己练得怎么样。这一点儿也不难，只要有台电脑，知道自己需要看什么就可以了。查看数据并不需要花很多时间，每次骑车后抽出 5 分钟时间查看一下关键数据报告，甚至几天看一次，足以满足你的需要。

更大的问题其实是你该使用什么软件。附录 C 中列出了本书编写时市场上可以找到的几款功率分析软件。你的功率计也可能附带分析软件，估计你已经用过了吧？相信那些数据让你看着头晕。不过不要放弃，慢慢就会看懂。阅读这本书当然也会对你有帮助。

应该知道，并不是所有的软件都会显示我提到的所有数据。也许有些软件中的图表我们并不会讲到。本书提及的所有相关内容可以在 TrainingPeaks 和 WKO+软件（详见 trainingpeaks.com）中找到。如果你想找一款和现在讲到的一模一样的软件，可以选择WKO+。TrainingPeaks 提供在线服务，包括数据分析和存储，需要网络服务。WKO+是一款电脑软件，数据保存在本地。也可以通过软件将数据上传，以防电脑出现问题。WKO+只兼容 PC（译者注：目前已经推出 4.0 版本，并同时提供 Windows 和 Mac 系统版本）。

教练有用吗？

一些车手强烈抵制任何分析工作。他们想知道应该怎么训练，如何做才能变强、变快，但是他们一点儿也不想去看那些图表。我的妻子就是这样一个人——骑车强悍但对分析毫无兴趣——她让我帮忙（我希望这不是她嫁给我的唯一理由）。如果你也需要帮助，我极力推荐你请一名教练帮你制订训练计划，分析数据。我已经培训了无数公路车、山地车和铁人三项教练，让他们使用书里讲到的方法。你可以通过这个网址找到这些教练 cycleops.com/coaches。

如果你已经阅读了以上的第 1 部分，现在应该对功率计及其使用方法有了基本的了解。现在我们进入第 2 部分，学习如何使用功率计开始训练和比赛，如何让自己变得更快更强。

如何使用功率计提高训练效率?

第 4 章
功率区间

现在你应该知道功率计如何工作以及它能为你做什么了。在本章和后面的章节中，我们将学习如何使用功率计提高身体素质。本章结束时，你应该能够给自己设定功率训练区间，并了解如何根据这些区间来进行训练和比赛。

功率区间概述

功率区间是一种简单的训练标准，它是各种功率强度的标准，你可以根据它来进行训练的安排和实施。如果你使用过心率计，应该知道如何设置心率区间。功率区间与其很相似，我们使用 7 个区间：积极恢复（1 区）、有氧耐力（2 区）、节奏（Tempo）（3 区）、乳酸阈值（4 区）、最大摄氧量（5 区）、无氧能力（6 区）、冲刺能力（7 区）。心率区间和功率区间的基本区别在于，我们按照功能阈值功率（FTP）的百分比来划分 7 个区间。那么，什么是功能阈值功率呢？很高兴你能这么问。请继续阅读，以找到提高骑行能力的最好方法。

FTP——最重要的数字

第一次设置心率区间时，你有两种方法。刚开始使用心率计时，可能是使用"最大心率（MHR）"。知道这个数字后，根据百分比设置区间。之后，则开始采用"乳酸阈值"心率（LTHR）的百分比来设定区间，有人也称之为"无氧阈值"心率。这个叫法可能更加准确，因为它是以红线（redline）作为基准点。这个重要的信息不仅具有个体性，而且对高水平比赛来说比最大心率的意义更大。

两名运动员的最大心率可能一样，但是 LTHR 则可能不同。这时就可能出现一个问题。如果按照最大心率设置训练区间，显然两个人的区间相同，但是他们的训练感受完全不同。LTHR 较低的运动员必须要更努力训练。其实，LTHR 低的运动员需要更低的训练区间，因此完全不能以最大心率作为参考。以 LTHR 为基准设置训练区间已经成为当前的标准做法。

以乳酸阈值或无氧阈值（有时也称为"通气阈值""血乳酸堆积起点"或"最大乳酸稳定状态"）为依据设置训练区间真的太高端了。这些对于普通人一点也不友好，他们不知所云。甚至很少有运动员知道这些词都是什么意思，所以他们不得不去实验室做个测试，但目的只是要设定训练区间。而当他们拿到测试结果后，有时会发现，在科学界，对于"乳酸阈值"这个词有着不同的定义。因此，测试的结果也就没用了。钱白花了，区间仍然是个未知数。

接下来，我会介绍一种设定功率区间的新方法，你不需要懂生理学，也不需要去花钱测试。这个简单的方法叫作"功能阈值功率（FTP）"。我会介绍几种确定 FTP 的方法，然后按照百分比来划分训练区间。

什么是FTP？

FTP 是运动科学家同时也是公路车手的安德鲁·科根（Andrew Coggan）博士在 21 世纪初提出的。他的这种方法"简单而不简陋"。这个方法的根本就是一名健康的运动员能够维持 1 小时的乳酸阈值强度。也就是说，运动员不用再去什么实验室进行测试，而是通过他能够维持 60 分钟的功率来确定这个值。真聪明！

这个方法不光是简单，而且还省略了各种令人困惑的科学数据，还节省了金钱。它还是一个真实世界的解决方案，因为它直接关联到了公路骑行比赛。比赛可不是在实验室里进行的。科根博士的这一概念让你在舒适的道路上就能完成测试。

确定 FTP

不过科根博士的方法并不完美。其主要问题是，测试时间为 60 分钟。这种测试绝对挑战你的忍耐力。无论是室内还是室外（越野路线并不适合进行这项测试），一个人竭力骑完 60 分钟，不仅需要全神贯注，还需要点动力。好在，还有其他测试 FTP 的方法，不需要这么长时间的煎熬。下面是一些常用且可靠的方法。

比赛。你的居住地有没有个人计时赛，特别是那种需要 1 小时才能完成的比赛？这种比赛的平均功率就是你所需要的 FTP。40 千米计时赛适合很多车手。但 40 千米的铁人三项骑行则不准，因为你要为跑步保留体力，得到的结果偏低。

和计时赛一样适合确定 FTP 的就是 1 小时绕圈赛。尽管这种比赛选手的表现以及其他因素非常不稳定，但如果比赛确实很激烈，那么车手的 NP 与 FTP 非常接近。但如果你在比赛中任由突围者在前面拉扯，自己只躲在后面看着，就无法准确预测 FTP。1 小时的激烈比赛才能保证结果有用。因为大多数比赛都是不稳定的，功率时常起伏不定，这时 NP 就能发挥作用了。而对于一个非常稳定的计时赛（后面会讲到控制比赛节奏），NP 和平均功率之间的差别就不大了。

当然，比赛也可以不足 1 小时。在我们深入讨论这个问题之前，先思考一个重要的事情。如果测试不足 1 小时，那么只能称之为估计，而不是测试。也就是说可能出现错误。测试时间与 1 小时相差越多，出现错误的可能性越大。因此，从现在开始进行的这些讲解都不如 1 小时测试的结果准确。不过，我们尽量让时间差距控制在 30 分钟以内，同时保证结果偏差尽量小。

假设你准备用一场小比赛来估计 FTP。比赛中应用了第 3 章中讲到的 5%原则。复习一下，所谓 5%原则，就是当最大输出的时间加倍，功率下降 5%。也就是说，如果这场计时赛或绕圈赛的用时为 30 分钟，那么结果应该是预估 FTP 减去 5%的 FTP。

举个例子，你 30 分钟完成了一个 20 千米的计时赛，平均功率是 260 瓦。减去 5%的平均功率（13 瓦），可以估计出 FTP 是 247 瓦（260−13=247）。即使比赛的时间并非正好 30 分钟，也许是 25 分钟或 35 分钟，我们也可以得出相同的结论，因为这只是估计。你可以多采用几种估算方法，让结果与实际 FTP 更加接近。

30 分钟测试。尽管 1 小时比赛是确定 FTP 的最佳方式，你也可以自己进行测试，时间也不一定要 60 分钟。下面是我最常用的一种方法，非常简单。热身后，上路（不是越野路线），或者上骑行台，猛骑 30 分钟（大多数车手发现在骑行台上进行这个测试难度更大），得到的平均功率就是很接近的 FTP 值，而不需要减掉 5%的平均功率。这似乎与前面讲的有违，我来解释一下。

当你进行比赛时，总会把自己推到比训练更高的强度。训练的时候，终点线后面什么也没有，没有奖金、没有奖杯、没有掌声。因此训练时就不会像比赛时那样拼。我们可能会对自己训练的表现表示无奈。但是训练到底比比赛轻松了多少呢？大约 5%。所以，这样就抵消了 30 分钟的 5%原则。也就是说，30 分钟的单人测试，正好是 60 分钟比赛得到的 FTP。注意，我说的是单人。如果你和其他人进行测试，一切就都变了。这时，就要减掉 5%。

测试中如何控制节奏才是难点，特别是前几次测试。随着进行 30 分钟 FTP 测试次数的增加，节奏也会控制得更好。然而，刚开始很可能速度太快，然后越来越慢。这样得到的平均功率并不准确。应该如何控制节奏呢？根据以前比赛、测试得到的 FTP 或者根据下面的方法（包括根据体重和个人因素估计 FTP 的方法）得到的 FTP 值开始测试。前 10 分钟保持这个 FTP，然后判断这个值是否太高或太低，进行调整。之后，每 5 分钟进行一次调整，直到感觉合适。整个 30 分钟的平均功率将是一个比较准确的 FTP 值。

为了保证这个方法的准确性，必须保持每次测试的条件都差不多，涉及的因素包括，是在公路上还是在骑行台上测试，选择的测试路线，测试的时间，热身流程，器材（包括胎压），天气，休息状态，饮食和饮水等。有些因素很可能每次都不一样，特别是天气。尽量保证所有因素相同。

训练。骑车时，注意自己的身体感受，特别是进行几分钟的稳定输出，例如爬坡时。当体感水平稳定在 7（0～10）时，查看当前的功率。这个值很接近你的 FTP。你也可以使用软件中的图表找到这一段，通过它来估算以缩小确定 FTP 的范围。

心率。不要使用心率区间来设定功率区间。例如，当心率处于 2 区时，功率不一定在 2 区。回顾一下第 3 章的内容，心率区间保持相对稳定而功率会因为体能的变化而不同。尽管当赛季初期，身体状态还比较差时，这两种区间会有重叠，但是随着身体状态的提升，重叠的部分越来越少。心率值和功率值唯一基本对应的是 LTHR 和 FTP，因此这也是一个简单的估计 FTP 的方法。

根据 LTHR 来估算 FTP 的方法如下。准备好骑行台，热身 10～20 分钟。然后开始递增练习，每一阶段包括 4 分钟骑行和 1 分钟恢复。第一阶段从估计 FTP 的 80%开始（根据之前的比赛或测试数据，或者按照下面的方法进行估计），之后每个阶段增加 10 瓦。你需要看准表头上的数值。选择一个舒服的踏频，踩踏 4 分钟，观察心率的反应。在前 1～2 分钟，心率应该逐渐升高，然后趋于稳定。在每个阶段结束之后，放松 1 分钟。然后开始下一阶段，直至找到 LTHR。不过，一定要骑完这个 4 分钟。最后阶段的平均功率接近 FTP。

估计。这可能是最不准的方法，但我发现很多人的估计结果还是与实际 FTP 非常接近。这个方法主要以体重和一些个人因素为基础，中间需要进行一些计算，所以你可以准备一个计算器。这个方法共分为 5 个步骤，其中某些步骤可能对你不适用。

步骤 1：体重乘以 2（单位磅，1 磅=0.4536 千克）。这是基础值。例如体重是 150 磅（68 千克），基础值为 300（150 × 2 = 300）。

步骤 2：如果你是女性，基础值减去 10%。例如，体重 120 磅（54 千克）的女性基础值为 216（120 × 2 = 240，240 − 24 = 216）。

步骤 3：如果超过 35 岁，基础值每多 1 年减去 0.5%。例如，一个体重 150 磅重的 50 岁车手，从第一步的 300 减去 300×7.5%（50 − 35 = 15，15 × 0.005 = 0.075）。这样，基础值最终是 277（300 ×

$0.075 = 22.5$，$300 - 22.5 = 277.5$）。

步骤 4：如果你住在海拔 1524 米的地方，再减去 5%。每超过 305 米，再减少 1%。举例：一位 35 岁的车手，基础值 277，住在海拔 1524 米的地区，调整后得到 263（$277 \times 0.05 = 13.85$，$277 - 13.85 = 263.15$）。如果你刚刚搬到这样的海拔，还在第一个月的适应期，那么减去 2%。注意，短期来到高海拔，也需要调整 FTP。

步骤 5：如果每周骑车少于 6 次，还需要做一个调整。这对铁人三项运动员的影响大于公路车手或山地车手。骑车的频率越低，FTP 可能越低。因此，如果每周骑车 5 次，减去 2%；如果骑 4 次，减 4%；3 次减 7%；2 次减 10%。举例：如果一名车手按上述步骤计算的基础值为 277，每周骑车 3 次，调整后的结果为 258（$277 \times 0.07 = 19.39$，$277 - 19.39 = 257.61$）。

最后得到的数值就是 FTP 的估算值。记住，结果可能偏差很大。我们只能尽量让结果接近真实值，但是除了体重、性别、年龄、海拔、频率之外，还有很多因素影响 FTP。例如，身体的类型也会影响估计的 FTP。你的身体是肌肉多还是脂肪多，特别是上身的肌肉会严重影响结果。无论是脂肪还是上身肌肉过多，之前估计出的 FTP 都可能过高。通过测量身体成分了解去脂体重，可以判断脂肪量是否会影响结果。然而，如果满身肌肉，就没办法了。另外，车的重量也是个影响因素。这个问题虽然没有出现在上面的步骤中，但确实需要考虑。一辆比较重的车和过多的体重一样，会降低 FTP。自行车的重量对于一名瘦小的女性来说，影响非常大。一辆 8 千克重的自行车对于一名 45 千克重正在爬坡的车手来说是个很大的负担。简而言之，除了刚开始使用功率计的这段时间，我并不建议使用估算值。一旦有条件，应该使用更准确的方法确定自己的 FTP。

跟踪 FTP 的变化

赛季中，你可以使用以上讲到的多种方法来测试 FTP。你可能会用到所有方法，但有些用得会多一些（我给运动员用得最多的是 30 分钟测试）。最重要的是，记录 FTP 的变化趋势。至少每 6 周测试一次，最好周期再短一些。可以将测试加入到年度训练之中。每次测试应该安排在几天休息之后。

另外一种简单的方式是，在比赛和训练中，注意在一定功率输出下的身体感觉。例如，某一专项训练坚持了 3～4 周之后，你会发现感觉更轻松了。这是个好现象，说明 FTP 提高了，体能增加了，也应该重新测试了。

FTP 是最容易测量，也是确定体能变化的最准确方法。赛季中最重要的训练目标就是尽可能提升 FTP。为什么？我们这样来思考：如果你的最大竞争对手和你的 VO_2max 相同，那么比赛当天谁的 FTP 高谁就能胜出。其实，即使 VO_2max 相对较低，FTP 也可以很高。因此，如果你的 FTP 更高，即使别人的某些基因占一些优势，你仍然可以取得好成绩。简单地说，训练的核心就是提高 FTP！

个人功率区间

这一部分，我们将教你如何根据 FTP 设定自己的功率区间。如果你还没能进行测试或比赛，可以先使用上面提到的方法进行估算。如果已经知道了 FTP，我们现在开始。

按照功率区间训练其实和按照心率区间训练很像——只不过更好。心率对强度的增加总是反应迟钝，而功率则反映即时变化。进行间歇训练时，这一点非常重要，而且间歇时间越短越重要。如果使用心率计，第一次间歇训练开始，可能要等 2 分钟后心率才开始变快。在这段时间里，必须去猜训练强度。大多数运动员猜的结果都偏高，当心率上来之后，他们必须减速。有些人甚至认为心率达到目标水平之前的间歇训练都不算。因此，一个 3 分钟的间歇训练就变成了 5 分钟。使用功率计则不会出现这些问题。踩踏不超过 3 次，就能知道自己是否已经到达目标强度。

一旦设定好功率区间，你就可以开始训练了——享受功率计带来的巨大好处。

如何设定功率区间？

和设定心率区间一样，功率区间也是以百分比来表示，只是功率区间是 FTP 的百分比。如果你知道自己的 FTP，使用表 4.1 来确定训练区间。根据"FTP%"计算区间,"RPE(主观感知输出等级)"一栏表示各个区间相应的 RPE 值,这里采用的是 0～10 的系统。"描述"一栏说明每个区间的疲劳感受、训练类型和常见比赛类别。

表 4.1　功率区间

区间	名称	FTP%	RPE	描述
1	积极恢复	<55%	<2	通常也称为"轻松踩踏"或"轻轻踩压"。这是非常低的运动水平,输出和疲劳感也最小,不影响正常交谈;通常用于训练或比赛后以及间歇训练中间的积极恢复,或者纯休闲
2	有氧耐力	56%～75%	2～3	经典的是"长距离慢跑(LSD)"训练。这是铁人三项比赛中大多数年龄组都会参考的强度,输出和疲劳感都比较小,但是会随着长时间的稳定骑行而增大。通常只有在这个区间的高端或者较长的骑行中才需要集中精神以保持强度。这个强度基本不影响正常交谈。训练时间一般在 90～120 分钟,也可以更少。单次长时间训练需要 24 小时以上才能完全恢复
3	节奏(Tempo)	76%～90%	4～5	典型的轻快集体骑行、高速公路比赛大集团当中、精英铁人三项赛、半程铁人三项赛大多数年龄组以及山地车马拉松赛的强度。长时间稳定骑行 20～60 分钟。输出和疲劳感比 2 区明显增加;呼吸更深,更有节奏;交谈变得断断续续。3 区训练的恢复时间比 2 区长,但如果每次训练时间不长,可以连续几天进行
4	乳酸阈值	91%～105%	6～7	这个区间涵盖了 FTP。通常用于 30～90 分钟时长的公路计时赛或铁人三项赛的自行车部分。输出很高,疲劳感很强;呼吸费力,交谈困难。这个强度是一种精神上的挑战。这个强度的间歇训练非常常见,时长通常为 6～20 分钟,恢复时间为 1/4 间歇时间。可以连续进行 4 区训练,但不常见。4 区训练需要专门恢复

区间	名称	FTP%	RPE	描述
5	VO₂max	106%～120%	7～8	典型的自行车比赛变速的强度。不同于可以跟车的比赛、短爬坡冲刺和奥运会比赛距离,长距离铁人三项运动员很少使用这个强度。这个强度的间歇训练最常见,间歇和恢复时间一般为 2～6 分钟。输出非常高,疲劳感特别强。单次训练时间很难超过 30 分钟。无法进行交谈。这个强度的训练恢复非常关键。5 区连续训练非常困难,几乎不推荐
6	无氧能力	121%～150%	>8	绕圈赛以及公路和山地车比赛中会出现短时间的此强度骑行,但很少见于铁人三项比赛。训练为短(30～120 秒)、高强度间歇来增加无氧能力。输出极高,疲劳感极强,无法交谈。不推荐连续进行 6 区训练
7	冲刺能力	>150%	最大	此区用于非常短、非常高强度的骑行,例如场地车起步或公路比赛中 30 秒以内的冲刺。此区对肌肉的压力大于对能量系统的压力

3 区

前面我建议赛季最重要的训练目标就是尽可能提高 FTP。我发现这是除了去体能实验室以外检测身体变化的最好方法,而且非常有效。

如果你最重要的训练目标也是提高 FTP,那么应该如何做呢?或者说,哪个区间提高 FTP 效果最好?

对于提高 FTP,投入回报比最高的其实是 4 区,特别是按照FTP 骑行。然而,对于大多数车手来说,经常在这个区间训练的

"成本"——精神压力、恢复时间、受伤风险——非常高。每次进行完4区训练，车手通常需要两天以上的休息才能进行下一次4区训练。如果两次训练之间恢复的时间不够，疲劳感会快速堆积，训练的积极性将下降。

因此，虽然进行4区训练十分必要，特别是对于个人计时赛这样的比赛更是如此，但是并不建议长期进行4区强度的训练。我推荐经常进行3区训练。我发现，3区训练对于提高FTP也非常有效。3区训练可以经常进行，训练时长比4区更长，相应的风险也更低。

这似乎与通常听到的避免中等强度训练的建议相违背。不用去理会。我过去也常这样想，尝试这种训练后就改变了想法。我知道了，3区，特别是靠近3区上限的训练对于提高FTP非常有效。你会在下一部分以及附录A中了解到更多的训练内容。不要舍去3区训练。相反，应该经常进行，特别是在强化全身的基础期和保持FTP的竞赛期。

训练与功率区间

为了提高FTP，训练的重点应该放在增加有氧主动肌上。也就是说，通过训练提高肌肉的氧气使用能力。想要提升FTP，训练的重点应该是肌肉，而不是心脏。从生理上来说，我们希望驱动自行车的肌肉在有氧方面得到提高，主要包括以下几个方面。

- 肌肉处理乳酸的能力

- 血浆容量

- 有氧化酶

- 肌糖原储量

- 慢肌纤维的大小

- 肌肉毛细血管的密度

- 肌肉纤维从 2x 转换为 2a

那么你应该如何训练才能实现所有这一切，以增强自己的有氧主动肌呢？这就引出了训练的话题——训练的最基本要素。

为了简便起见，我把所有的训练分为六大类，分成各种"能力"。每种能力中所有训练的强度都相近，也就是说对功率的要求也相同。下面分别是 6 种能力以及对应的训练。从第 7 章到第 10 章将具体解释每种能力，以及在赛季中的安排。现在我只想说说这些能力都是什么，以及它们与功率区间的关系。你可以在附录 A 中找到更详细的训练内容。

有氧耐力。对于自行车车手和铁人三项运动员，这是 6 项能力中最基本的一项。这也是所有耐力运动取得好成绩的关键。有氧耐力训练对于激活上面提到的肌肉生理适应（adaption）非常有效。这些训练主要是长时间稳定在 2 区和 3 区低端。

肌肉力量。这也是基本能力。训练目的是提高肌肉将力量施加给脚踏的能力。第 2 章讲过，功率等于力乘以速度（$P = F \times v$）。通过 7 区非常短但最大的输出，搭配高挡位（F）和非常低的踏频（v），可以提高肌肉力量。一个最常见的训练就是站骑启动，踩踏 8～12 下加速后，坐下来，使用高挡位，例如 53×14，继续骑行。

这个训练通常在坡上进行，以增加力量。

肌肉力量间歇训练不仅对肌肉的压力很大，而且对关节，特别是膝关节也是如此。因此必须注意腿部的异常感觉，如果感觉不对就停止训练。由于肌肉需要完全恢复才能完成高强度的训练，也是为了得到预期的效果，间歇训练中间通常需要进行3～5分钟的1区恢复。恢复时间不够的话，疲劳会减弱训练的效果。

速度技能。这是最后一个基本能力，与上面公式中的v和效率关系密切。新手和老手的一个普遍差异就是后者的踩踏动作更加顺畅。高踏频时还能够继续轻松、有节奏地给脚踏施加力量，这才是长距离骑行成功的关键，需要多年的训练才能真正掌握。我从没见过哪个高水平车手采用低踏频踩踏或者踩踏动作很糟糕。踩踏动作流畅是好车手的共同特征。

速度技能训练通常涉及踩踏动作训练，例如单腿踩踏和高踏频踩踏。这些强化训练可以融入其他能力训练中，例如热身和放松活动中。

功率输出并不能很好地衡量速度技能。如果你过去一直为低踏频骑行，那么在赛季早期的几个星期应该逐渐增加高挡位的踏频。这相当于将肌肉力量训练和速度技能训练（即$P=F×v$）相结合。任何挡位下的高踏频都意味着更高的功率。

肌肉耐力。这属于高级能力，与所有耐力运动比赛的成绩息息相关。这种训练的目的是改善上面提到的大多数生理适应能力，最主要的是肌肉处理乳酸的能力。

可能与你认为的不同，乳酸并不是引起疲劳的"真凶"，也不会引起肌肉酸痛。应该说它仍然是个谜。乳酸是在运动中由肌肉细胞产生的，肌肉通常会重新利用它们来产生能量，从而使你可以继续努力踩踏。而作为疲劳先兆的灼烧感是由于氢离子进入了血液等体液，同时乳酸也从肌肉中渗出引发的。肌肉耐力训练可以改善肌肉再次处理乳酸的能力，从而产生更多能量并快速去除氢离子。

肌肉耐力训练处于3区上限和4区。至于3区的有氧耐力训练和肌肉耐力训练之间的差别，主要是训练区间范围、时长、量的不同。肌肉耐力从3区上限开始，训练时长和训练量都高于有氧耐力训练，而且还包括4区的训练。

一个常见的肌肉耐力训练是4组20分钟的3区上限间歇训练，中间为5分钟1区恢复。另外一种就是6分钟4区加90秒1区恢复，重复5次。肌肉耐力间歇训练既可以在平路进行，也可以在山坡上进行。

无氧耐力。这些高级能力训练对于公路车手和山地车手非常有用，因为比赛中常需要进行超过FTP的无氧骑行。而铁人三项运动员则更愿意提高VO_2max。这个能力的训练要在5区和6区完成。一个典型的训练就是5次3分钟5区和3分钟1区。另外一个训练是5次30秒6区加30秒2区，重复3组，每组之间1区休息5分钟。这些训练既可以在平路进行，也可以在山坡上进行。

冲刺能力。这种高级能力训练主要出现在公路自行车训练中，很少见于其他与自行车相关的项目。这是因为公路自行车比赛通常会出现终点前冲刺的场景。这一强度的训练需要集中精神、动力十足，才能让肌肉产生最大的功率。因此，这种训练绝对是身

体上和心理上的巨大挑战。一个典型的练习是 7 区踩踏 10 次，5
分钟恢复，重复 5 次。训练地点根据比赛需求而定。尽管前面分
别讲述了每种能力，但是我极力建议将它们混合在一次训练当中，
从而模拟比赛的实际情况。这样在训练的强化期（大概是重要比
赛前的 12 周）非常有效。例如，可以在一天的训练、热身，包括
速度技能训练后，进行无氧耐力间歇训练和稳定的长距离有氧耐
力骑行。

不同能力的训练组合方式是无穷多的，可以根据自己的需要和
比赛的需求进行组合。

有两种没有被列入 6 类能力的训练内容是用于恢复以及保证
测试正常进行的。

恢复。对于优秀的运动员，恢复最好是通过 1 区放松骑行完
成。积极恢复已经被证明比消极恢复更能加速身体恢复。然而，
这对于新手正好相反。他们更适合彻底休息一天。这并不是说
优秀运动员就从不休息，或者新手不应该通过放松骑行来恢复
身体。

测试。为了在整个训练期间记录 FTP 的变化，必须经常测试。
正如前面提到的，每 4～6 周进行一次测试，每次要保证先休息 2～
3 天。当然，正如上面提到的，还有一些不需要通过测试确定 FTP
的方法。即使不进行测试，每几周训练后连续休息几天作为恢复
还是非常必要的。

现在你已经准备好开始使用功率计进行训练了。你需要做的就

是使用表 4.1 设置自己的功率区间。我们假设你已经知道了自己的 FTP。如果还没有进行比赛或测试，那就使用估计的方法。你也会接触到本章讲过的各种类型的训练内容。如果你还犹豫要不要开始严格的训练，可以先跳到第 3 部分的相关章节，阅读如何制订训练计划来为重要比赛做好准备。如果你决定暂时跳过第 5 章，记得稍后回来学习，到时候你会学到更多关于如何通过功率提高训练效果的知识。

第 5 章

骑行的强度

现在你已经设置好了训练区间，准备开始根据功率进行训练了。本章中，我将带你加深对功率的认识，向你介绍什么是强度。

对于经验丰富的车手来说，强度必须作为训练的焦点。这并不是说骑行的长度不重要，只是说强度更加重要。如果我必须给出二者的占比，那么我认为强度占到大约 60%，而余下的 40% 为骑行的长度。努力进行训练是比赛取得好成绩的关键。

在本章中，我们将了解 4 个和功率有关的理解强度的方法：强度因子、峰值功率曲线、节奏控制和"火柴"。现在让我们开始衡量你的骑行有多努力。

你的骑行有多努力？

对于高阶运动员，任何训练的最重要元素都是强度。这不是指骑了多长时间或距离，虽然大多数运动员都把它们当作一个进步的标杆。一周内骑行的千米数或小时数对于体能的影响，远不如一次训练的强度影响大。正确的训练强度比简单地追求数量更能提升比赛成绩。

运动员在意训练时长的原因可能是比较好计算，只需要一块码表或秒表就足够了。运动员不太愿意把强度当作考量训练效果的指标是因为强度很难测量，甚至难以定义。下面我将告诉你如何使用功率来轻松表述强度，从而更好地评估训练的情况和进展。

强度因子

如果我告诉你我骑了 90 分钟，平均功率 200 瓦，你觉得怎么样？对你有什么意义吗？你知道这对我来说算容易还是算困难吗？当然不能。如果你不知道我的能力，200 瓦就没有意义。你需要有数据进行对比。有了功率计，参考点就是 FTP。将 200 瓦与我的 FTP 进行对比，就能知道这次骑行是轻松还是费力。这个对比的结果就是我的强度因子（IF）。

具体是这样来计算的。将我的 FTP 与 200 瓦的训练进行对比，用这次骑行的平均功率除以 FTP，得到一个 FTP 的百分比。例如，我的 FTP 是 350 瓦。用 200 除以 350，得到 0.571。也就是说，我骑行在 FTP 的 57%，57% 就是我这次骑行的 IF。因此，这并不是一次非常辛苦的骑行。但如果我的 FTP 是 227 瓦，则这次骑行是 FTP 的 88%（200÷227=0.881），那么这次骑行就不轻松了。

使用 IF，可以比较不同的训练或比赛的强度，也可以和其他人进行对比。对比就是要知道骑行到底有多困难。

IF 还可以用来规划训练内容，让训练与重要比赛的强度相匹配。表 5.1 列出了常见比赛类型的典型 IF，供你参考。在重要比赛前 12 周，应该逐渐让训练接近比赛的强度，让身体做好准备。不过也应该知道，并不是所有比赛都是稳定骑行的，IF 会一直变化。尽管计时赛和铁人三项比赛相对稳定，但公路车和山地车比赛中经常会出现变速，强度不断发生巨大变化。这种比赛的 IF 只是个平均值。我会在后面讲到一些变量。

表 5.1 常见比赛 IF

比赛类型	一般 IF
Ironman（年龄组）	0.60～0.70
Ironman（精英组） Ironman 70.3（年龄组）	0.70～0.79
Ironman 70.3（精英组） 长距离公路比赛 山地车马拉松赛	0.80～0.89

比赛类型	一般 IF
奥运距离和短距离铁人三项比赛 长距离计时赛 短距离山地车赛	0.90～1.04
短距离计时赛	1.05～1.15

峰值功率曲线

我们来看看另外一种使用功率描述强度的方法，它能告诉你训练的进展和身体的变化。在第 3 章中我曾说过，功率和时间成反比——当一个变化，另一个向着相反的方向变化。换句话说，随着时间的增长，功率降低。维持 7 区的时间不会超过几秒，但是 1区骑行可以长达数小时。一名车手能够在某一强度水平维持多长时间，能反映出这个车手的很多信息。

一名车手可以以最高 1500 瓦的功率冲刺几秒，而另一名车手可能只能踩出一半的功率。但是，后者 1 小时的功率可能超过 300瓦，而那个以 1500 瓦冲刺的车手 1 小时只能输出 250 瓦，被远远落在后面。

从功率和时间的相对关系可以看出车手的能力和成绩。如果你能够提高某一特定时长的功率，那么我们可以说你在这个时长更加强大。如果同一时长你的功率比另一名车手高，那么我们就能知道谁能获胜（当然，默认其他条件都一样）。

在一定时间内能够产生的最佳功率被称为"峰值功率"。每个人都有一组峰值功率，对应着几个默认时长，例如 60 分钟（P60）、30 分钟（P30）、5 分钟（P5）、1 分钟（P1）、6 秒（P0.1）。当然，你也可以设置其他时长对应的峰值功率。这些值每个人都不同，而且也会随着身体的变化而变化。

这就引出了一个有趣的问题：如果每名车手都有一组特有的峰值功率水平，那么是不是可以用一组曲线来定义每名车手呢？这个曲线图能够显示出当前不同时长的最佳功率，也许人们还能从中解读出应该进行哪种训练来提升相应的峰值功率。假设你的目标是 40 千米的赛事，那么你应该专注于 P60 的训练；或者如果你在车队中的角色是冲刺手，那么你的 P0.1 则更加关键。如果能从一张图表中看出这么多信息，是不是很棒？这将是一个多么强大的工具啊！

事实上，确实有这样一张图，叫作"功率曲线图"。每个车手都有一张独特的曲线图。图 5.1 和图 5.2 分别是两名车手的功率曲线，具有不同的峰值功率。这两张图显示了他们在赛季中每一时长的最高输出功率。图中，纵轴，或者叫 y 轴是功率，单位为瓦，0 在底部。横轴，或 x 轴是时间，1 秒在最左边。你会注意到，x 轴的时间不是线性的，而是呈对数关系增加，这样是为了突出比较短的几个时长，这些时长也是变化最大的。还可以看到，前 30 分钟的阴影面积几乎占了整张图的 75%。线越高，说明相对应的峰值功率越大。

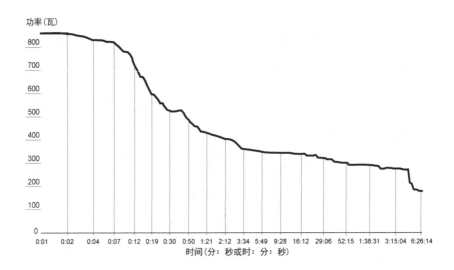

图 5.1　职业铁人三项运动员的功率曲线

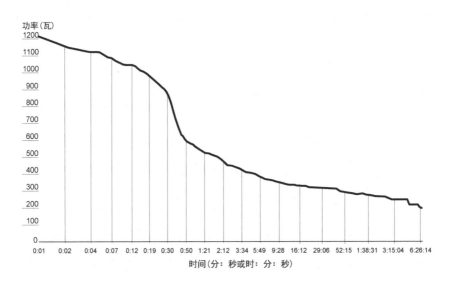

图 5.2　Cat III 公路车手的功率曲线

第一眼看去，这两张图长得很像，功率左边高，右边低。但如果仔细看，你会发现非常有趣的差别，能反映出这两项运动对体

能需求的一些不同。图 5.1 中，这位男性职业铁人三项运动员的 1
秒峰值功率为 860 瓦；图 5.2 中，这位男性 Cat III 公路车手的 1
秒峰值功率为 1210 瓦。Ironman 铁人三项比赛的结果从来不由冲
刺能力决定，而公路比赛的好成绩则要靠冲刺。公路车手要训练
冲刺能力这一点，从图表中可以清晰地看到。

注意一下表的右边，大约 4 小时 30 分的位置，铁人三项运动
员的峰值功率大约为 270 瓦，而公路车手是 250 瓦。这再次反映
了运动项目的特殊要求。对于 Ironman 铁人三项比赛，特别是职业
水平，要求的就是 4 小时以上的强大骑行。

仔细看一下，另一个明显的区别是两条曲线的形状。公路车手
的曲线在 30 秒左右明显下滑，而铁人三项运动员最大的下滑出现
在 7 秒左右，而且相对没那么陡。

这些差别可能是基因和训练的自然组合导致的。它们决定着比
赛成绩。而它们到底如何组合我们却不得而知。我们无法改变基
因，但是我们可以改变训练。例如，如果图 5.1 的职业铁人三项运
动员决定转为公路车手，那么他需要将训练重心放在图表左边的
短时长能力上。也就是说，进行短的间歇训练和爆发冲刺间歇训
练。这样过一段时间，他的功率曲线会发生变化，更接近公路车
手的形状。

同样，你的功率曲线图反映了你目前的情况，但是通过训练还
是可以改善的。在基因的限制范围内，我们可以根据比赛的具体
需求，以适当的 IF 进行有针对性的训练，从而实现目标。

你能控制好节奏吗？

比赛的节奏与身体最重要的能量"糖原"的消耗密切相关。糖原是碳水化合物在身体内储存的形式，而且储量很有限。即使你能够很快补充消耗的糖原，也应该让身体满载地站在起点线上。体内储存的糖原大约可用 2 小时，当然会受到身体生理情况和节奏控制好坏的影响。超过这个时间之后，就需要摄入更多的糖——运动饮料、能量棒、能量胶、糖块等。然而，身体使用这些外部能源的效率不如身体内部储存的能量使用率高。因此，当体内能源储备告急时，疲劳开始出现。

节奏还与人体的酸中毒有关。每当功率输出增加，身体便产生更多的酸，这限制了肌肉活动，引起烧灼感。当超过 FTP 一定时间后，身体产生很多的酸，造成赛后的身体疲劳——这当然也与比赛中节奏的控制有关。

你可能已经计算出某场比赛的准确 IF，从而知道比赛的功率应该是多少。计时赛或铁人三项的自行车赛段，可看着功率计开始比赛，并保持在适当的范围之内。但是，会有人追上并超过你，所以你提高了速度；或者你要发力爬坡。这些情况会在比赛中反复出现，每次功率都会出现短时间的飙升。此外，在几个非常陡的上坡你努力保持目标功率。这其实也相当于功率的激增，下面会解释为什么。

这种激增会浪费糖原,让身体产生更多酸。反复的加速与减速,平均速度其实并不比稳定骑行快。而这种突变却反而增加了糖原的消耗,并提高了血液的酸性。比赛时间越长,这种双重疲劳问题就越严重。

然而,你仍然在目标 IF 的范围内完成了比赛。那么,为什么比赛后半程你的速度变慢而且身体酸疼呢?这是因为,尽管平均 IF 在合适的范围内(可能靠近上限),但是你的节奏并不均匀。比赛后段糖原水平很低,肌肉内充满了酸液,感到难受也就不奇怪了。

问题并不是比赛的功率,而是由于反复的加减速导致的功率起伏不定。这样,我们就需要一个工具来帮我们辨别出不稳定的状态,也就是变化指数(VI)。

变化指数

稳态比赛中,例如计时赛和铁人三项比赛,应该非常稳定地骑行。比赛结束后,可以通过变化指数(VI)查看比赛的节奏控制得好不好,其实也就是 NP 与平均功率的比较。复习一下,NP 是标准化后的平均功率,反映了骑行中的代谢成本或疲劳感。事实上,这对于功率波动的意义更大,功率的波动越多,起伏越大,NP 就越高。对比 NP 和平均功率,我们可以更容易地看懂波动的部分,从而知道自己骑得是否稳定。比较的方法很简单,用 NP 除以平均功率,结果就是比赛或训练的 VI。

让我们举个例子来加深理解。你参加了一场计时赛或铁人三项比赛，之后在软件或表头上查看比赛的数据。你看到 NP 是 256 瓦，平均功率是 245 瓦。那么你的 VI 是 1.04（256÷245 = 1.04）。这个结果好不好呢？一般的原则是，稳态比赛的 VI 应该不超过 1.05。VI 等为 1 时，说明节奏完美——NP 和平均功率相同，可能有一些起伏，但波动很小。而 VI 超过 1.05，说明存在突然的加减速或者至少骑行不够稳定，浪费了很多能量。

不久前我收到了一封来自某个铁人三项运动员的电子邮件，他上周末刚刚完成了 Ironman 的比赛。他非常伤心，虽然自行车赛段表现还不错，但是后面他不得不一路走到终点。他问我哪里出了问题。很幸运，他使用了功率计，我可以查看他的数据。他的 VI 高达 1.21。这样的数值只有在 1 小时有坡的绕圈赛时才会出现，而对于一个 Ironman 比赛的自行车项目，实在太高了。他在比赛中经常加速，浪费了大量的体能，还产生了很多酸——相当疲劳！难怪后面只能走路了。

VI 对于公路大组赛、山地比赛等不稳定、变数较多的比赛的分析意义不大。那样的比赛本身就是多变的。如果不具备加速冲刺等能力，没有功率上的大起大落，也无法在那样的比赛中获胜。如果 VI 很低，最多只能是完赛——或者也许你有一支强大的队伍一直保护你。

图 5.3 和图 5.4 分别是低 VI 和高 VI 的例子。在图 5.4 所示的公路比赛例子中，从功率曲线的大锯齿很容易知道 VI 为什么那么高。相反，图 5.3 所示的 Ironman 运动员的功率数据波动要小得多，骑行非常稳定。

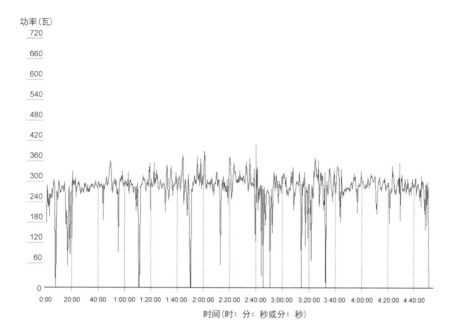

图 5.3　某 Ironman 运动员的 VI（VI=1.04）

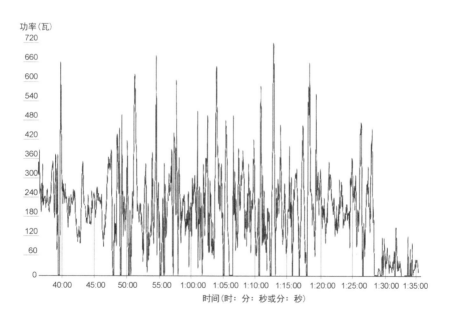

图 5.4　某公路车手的 VI（VI=1.31）

节奏稳定的比赛

我带铁人三项和计时车手时，总要花很多时间教他们如何控制比赛节奏。这是个非常难掌握的技术，但有了功率计，就要比心率和靠感受更加容易掌握。其实，有了功率就好像是在作弊。当大多数参赛者刚开始的速度都过快时，使用功率计的车手可以监督自己的输出，这比看输入（见第 1 章）要更加可靠，而且只需要提前把比赛的最佳功率输出范围计算好就可以了。它更多地由过去的经验，或使用 IF，或者知道相应时间的峰值功率水平来决定，这些我们前面都已经讲过。如果是一场 40 千米的计时赛和铁人三项比赛，你知道会花 1 小时，那么就能知道你的 P60 功率应该是比赛的目标。不过，每条赛道都会多少有一些小起伏，有些可能只需几秒，有些则需要几分钟才能翻越过去，因此需要考虑得更加周全才行。

曾经有个铁人三项运动员问我，Ironman 比赛自行车赛段的下坡应该如何处理。用力踩，轻轻踩，还是不踩？这个问题非常好，也是节奏控制的核心所在。这其实与阻力有关——你遇到的风阻有多大，车速是加快还是变慢了？

骑车时，当速度呈直线增长（假设从 32 千米/小时增加到 40 千米/小时），功率则是呈指数增加的。这主要是因为空气阻力。虽然速度增长了 25%，但是所需的功率却要翻一倍。随着速度的增加，你必须使用更多的能量来维持速度，还需要额外的能力来克服更强的逆风。

我为什么要跟你说这个？因为下坡时，速度增快，如果你希望比滑行的速度更快，那么高出的那部分速度所要消耗的能量是巨大的。如果你想要用力踩踏，让速度非常快，就需要启用宝贵的碳水化合物储备，同时也增加了体内的氢离子数量，造成血液呈酸性。反复几次，身体就会出现明显的反应。最终由于能量匮乏、酸液饱满，你不得不慢下来。比赛就被搞杂了。

控制节奏的关键就像老话说的，如果你骑行在速度较快的一段（下坡），那么就要轻踩，降低功率；如果是较慢的一段（上坡），则重踩，功率要高。因此，快速下坡时，不要像上坡那样花太多力气，应控制住功率输出。比赛距离越长，这一点就越发重要。也就是说，20千米的计时赛或短距离铁人三项比赛，可以比40千米的计时赛或Ironman比赛更用力踩踏。

关于这一理念，我听过的最好的建议来自一位运动医师，同时也是一名铁人三项教练——阿兰·卡曾斯（Alan Couzens）。他对Ironman运动员提出了"50—40—30—20—10原则"。这个原则适用于所有稳态骑行运动，不过有些需要进行调整。表5.2显示的是他的这条原则。

表5.2　50—40—30—20—10原则

如果某次比赛你的目标功率是实现平均速度30千米/小时，那么——

当你的速度是	你应该
大约50千米/小时	滑行——保持空气动力学姿势并停止踩踏
大约40千米/小时	使功率输出低于目标功率
大约30千米/小时	稳定在目标功率

当你的速度是	你应该
大约 20 千米/小时	发力，使功率输出略高于目标功率
大约 10 千米/小时	使功率输出远高于目标功率

来源：经 Alan Conzens 授权使用。

当然，你的计划速度可能不是 30 千米/小时。但是，原则是一样的：当自行车速度很快（下坡）时，保存能量；当自行车速度很慢（上坡）时，消耗能量。你可以根据自己的比赛目标对表 5.2 中的数字进行修正。如果你的目标是大约 40 千米/小时，那么将 30 千米/小时乘以一个系数转换成 40 千米/小时，并相应调整其他数值。

设定这个表格很容易，但想要在实际比赛中取得成功，关键在于演练。每次出去骑车比赛，都尝试运用这个原则——上坡用力，下坡放松，超过上限开始滑行。这样你就能保存体力，并让自行车赛段的成绩得到提升。

点燃火柴

前面我一直在讲述稳态比赛过程中如何控制节奏。其实在公路车大组和山地车等其他比赛中，节奏同样非常关键。

火柴与变奏比赛

在变奏比赛中，能量的支出与计时赛或铁人三项比赛的情况完全不同。公路车赛、绕圈赛和山地车赛都属于变奏比赛，也就是说整个比赛中功率输出都在发生明显的变化。比赛某一时刻的功率主要由其他人的情况和地形决定。稳定骑行是不可能在这样的比赛中获胜的。平路加速和爬坡发起进攻时能够跟得上队伍才是获得预期结果的根本。正如前面讲过的，这种比赛的 VI 值非常高。

也就是说，在这样的比赛中，有可能刚开始起步太猛。因为你站在起点时通常很兴奋。当枪声响起后，如果你冲到最前面，并开始不断加速，很快你的能量就会消耗殆尽。因此，控制情绪就成为了这种比赛成功的关键。你不是靠前几分钟来赢得比赛的，而这几分钟足以让你失掉整个比赛。

不过，即使你在比赛开始后控制住了自己的情绪，总还是有些人控制不住。前面总会有人开始拉扯。参赛人员的经验越少，越会出现这种情况。到了比赛的后半段，拉扯就变少了，而这时候才是真正需要通过突围、进攻来取胜的时刻。

而这种拉扯通常只能维持几秒到一两分钟，而且通常出现在出弯、爬坡或试图突围的时候。你需要对这种情况做出反应，或者如果你想要取得好成绩，还要主动发起进攻。

比较极端的猛烈加速应该被称为"火柴"，每人只有那么几根，用完就没有了。根据个人的情况，当你站在起点时，可能随身只有为数不多的几根火柴。如果你把它们用在不该用的地方，那么比赛结果必将不理想。但如果你在正确的时间点燃了正确数量的火柴，那么这次比赛就很成功（虽然不一定是登上领奖台）。

燃烧火柴的完美策略从你意识到自己的火柴不是无限多时开始，而且它们由强度、时长和量决定——变速的功率有多高，能维持多久，一场比赛中有多少根火柴可以点燃。你可以使用 WKO+软件对比赛数据进行分析，找到这些问题的答案。可以查看下文的"如何在 WKO+软件中设置火柴？"了解详情。

你可以使用任何自认为合适的方法来确定自己的火柴数量。下面是我的方法。对于一场公路比赛或山地车比赛，我把一根火柴定义为持续 20 秒以上的 7 区功率输出（见表 4.1）。而对于绕圈赛，我会把时间缩短到 10 秒，因为这种比赛充满了短时间的加速。这个软件会帮你找到答案。你需要知道的包括，比赛中你点燃了几根火柴，平均燃烧多长时间，最长的一根燃烧了多久，它们的平均功率是多少，最大功率是多少。有了这些信息，你就可以根据比赛的需求进行训练，准备更多、更长、更粗的火柴。你也能更清楚如何控制比赛节奏，从而让身体和心理都做好准备。

> **如何在 WKO+软件中设置火柴？**
>
> 在 WKO+软件中，你可以使用"Fast Find（快速查找）"功能找到比赛或训练中点燃的火柴（这个功能只有在 WKO+软件中才有）。方法如下。
>
> **步骤 1**：打开图表，在【EDIT】菜单下选择【FAST FIND】，会弹出
> 　　　　一个窗口。

步骤 2: 选择【RANGE OF INTEREST】，选中要检查的部分，可以是整张图表（整个比赛）或一个部分。

步骤 3: 设置【LEADING EDGE】，在【equal to or more than】的空白处输入火柴的最小值。

步骤 4: 在【TRAILING EDGE】，【LESS THAN】中输入和步骤 3 相同的数字。

步骤 5: 设置【MINIMUM DURATION】，输入火柴的燃烧时长。

步骤 6: 设置【MAXIMUM DURATION】，输入最长的时间。这个可以很长，如几分钟。

步骤 7: 单击【FIND】，会出现符合设置要求的数据。同时会在右侧的【FINDS】中生成列表。图 5.5 是软件截图。你还能看到功率、心率和地形数据。

火柴与稳态比赛

在计时赛或铁人三项比赛中仍然可能要燃烧火柴，然而，对于这类比赛，火柴的定义更加灵活。虽然在其他比赛中我们将火柴定义为 7 区功率输出，然而在稳态比赛中，这样的强度会引起极度的疲劳。在变奏比赛中，两次燃烧火柴之间有机会休息，但是在计时赛和铁人三项比赛中就没有这种机会，整个比赛都要一直在极限附近骑行。而 7 区的火柴只能造成未完赛（DNF）。

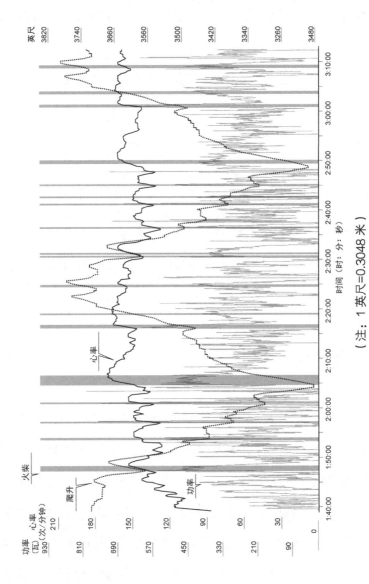

图 5.5 公路比赛图表中找到的火柴（WKO+软件）

（注：1 英尺=0.3048 米）

在这样的比赛中，火柴通常只需要在上坡时点燃，由比赛的时长决定。我使用的一般原则是，当计时赛车手或铁人三项运动员超过目标区间 2 个区以上，且维持一定时间，就等于点燃了一根火柴。下面我来解释一下。在一场 40 千米的比赛中，车手大部分时间都保持在 4 区，因此火柴就是指 6 区及以上的强度。一名铁人三项运动员在 Ironman 的比赛中，主要保持在 2 区，因此 4 区及以上就是在燃烧火柴。当然，在 4 区维持的时间比 6 区要长。

表 5.3 介绍了一种根据训练区间、时长来确定火柴燃烧时间的方法。表 4.1 能够帮你确定相应比赛的"目标区间"。表 5.3 的最后一列也只是个建议值，你需要根据自己的实际情况判断，这就要靠经验了。如果不确定，还是先保守一些为好。

表 5.3　稳态比赛中根据训练区间、时长和累计时间确定的火柴参数

比赛目标区间	燃烧火柴的区间 （强度上限）	燃烧火柴的时长 （可能变化）	推荐累计燃烧时长 （可能变化）
4 区	6 区	>1 分钟	<5 分钟
3 区	5 区	>2 分钟	<10 分钟
2 区	4 区	>5 分钟	<20 分钟

正如早先解释的，如果你经验丰富，那么强度就是取得比赛成绩的关键。现在有了 IF、峰值功率曲线、变化指数等工具以及火柴的概念，你应该对在第 4 章学到的内容有了更深入的理解。现在可以开始进行一些真正的训练了！

第 6 章
更强、更快

运动员们通常认为整个赛季的训练都是为比赛而变强的一种方式。而我对训练的看法略有不同。我认为训练发生在两个阶段，每个阶段的目的略有差别。

第一阶段是基础期，包括赛季的早期时间，距第一场重要（A级）比赛的比赛日 12 周以前。这段时间主要是加强整体能力。所谓"整体"，就是说训练的目的并不是针对比赛。你可以做很多事情，例如举重，而这些并不一定是比赛的需求。

第二阶段是强化期。这主要是在比赛前的 12 周内。这段时间是让整体能力转化为比赛能力的时期。这个时候的训练是要让自己变得更快，更不只是更强。

这个区别看似微不足道，但事实并非如此。在强化期还有很多事情要做，而这些事情似乎与强壮身体没什么关系，例如节奏控制、装备选择和熟悉地形。基础期的整体能力成为强化期变快的基础，为比赛做好准备。在本章中，我们将了解基础期的"强身"和强化期的"快速"，同时了解功率计如何让你在这两个时期获得最大的收益。

基础期：强身健体

在第 4 章中，我讲过了定义训练的 6 种能力：有氧耐力、肌肉力量、速度技能、肌肉耐力、无氧耐力和冲刺能力。其中前 3 种是最基础的，并决定着身体在后期能不能完成比赛任务。因此必须在基础期结束前打好基础。

到目前为止，这 6 种能力中，对于耐力运动员来说最重要的就是有氧耐力。在进入让自己变快的强化期之前，必须保证有氧能力已经足够强大，而强化有氧能力是基础期的首要目标。那么，如何知道自己的有氧耐力是否达到一个高点，或者说身体是否已经做好了强化训练的准备呢？功率计和分析软件能帮忙回答这个问题。它们能帮你跟踪两个重要的指标。第一个我称之为"效率系数（EF）"，第二个叫作"解耦"。

效率系数

在第 3 章中，我讲过心率与功率的关系。当有氧能力提高，心率不变而功率会增加。也就是说，在赛季的初期，假设你在心率 2 区骑行，同时功率也在 2 区。到后来，随着身体变强，心率仍然在 2 区时，功率可能是在 3 区。这种功率与心率之间的关系变化是衡量有氧能力变化的一个独特的方式。

如果在任意有氧强度（低于乳酸阈值）下功率提升了，那绝对是一件好事，说明你能在同样的消耗下骑得更快。这又将我们带回了第 1 章讨论过的输出与输入的关系。输出是你的生产力——完成了什么，也就是你的功率；输入是你付出的努力——工作多么用力，也就是你的心率。对比输入和输出，换句话说，对比功率和心率，可以告诉你自己的骑行效率高不高。这就好像讨论汽车的经济油耗：百千米（输出）耗油（输入）多少升。

现在，我们运用这个概念来衡量有氧耐力的提升情况，特别是在基础期，这是一项关键的训练能力。一旦有氧能力的基础打好了，就可以进入训练的下一个时期了，那个时候，训练就更像是比赛。在功率计出现之前，我们没办法知道什么时候该进行训练期的过渡，车手和教练需要根据感觉和经验来估计有氧耐力的程度，而如今已经可以精确测量。下面我来讲讲如何使用效率系数（EF）。

有氧耐力训练。EF 确定了某一类骑行的功率与心率的比例。任何有氧训练都可以计算。赛季初期，我喜欢使用心率的 2 区训练，因为这通常是大多数车手的有氧（不是无氧）阈值所在。你需要进行简短的热身，然后保持在 2 区稳定骑行一定的时间。你可以骑行 30 分钟到 4 小时（比赛的距离越长，训练的时间要越久，因此需要根据目标比赛进行调整）。不要注意自己的功率。

骑行完成后，用标准化功率（NP）除以 2 区部分的平均心率，结果就是 EF。（如果你是用 trainingpeaks.com 进行分析，EF 是自动计算的，可以在训练图表中找到。）

通过对比几周相同训练内容的这个数值，可以判定有氧效率是否提高。为了可靠起见，训练内容应该相似，确保变量尽量都相同。这些变量可能包括：训练前的疲劳水平、装备、线路、天气、海拔、训练前的营养（特别是会引起兴奋的饮食，如咖啡因，会影响心率）、热身，甚至是骑行的时间。每次的这些信息越相近，数据的价值就越大。

训练时也可以保持功率恒定，然后观察心率的变化。如果选择这种方法，以后每次都要这么做。我选择另一种方法，因为有研究显示疲劳后心率会下降。看到心率下降有些人可能会误以为自己的身体变强了。然而，没有研究证明功率会因为疲劳感的增加而增加。这也是为什么我会选择保持心率恒定——结果更可靠。

然而，如果你决定保持功率恒定，就不要使用训练区间。可以在基础期初期使用 2 区内的一个功率值作为标准功率。如果决定使用 2 区功率作为常量，而在基础期功能阈值功率（FTP）会发生变化（应该会提升），那么相应的区间也会变化。因此，骑行的功率输出可能略高，导致两次的 EF 对比毫无意义。

如果有氧能力确实在提高，那么 EF 就会在基础期的几周内呈增长趋势。表 6.1 所示的是我原来的一个队员在 8 周的基础期内进行低 2 区训练时 EF 的变化。

表 6.1　基础期早期 2 区有氧阈值训练的周 EF 举例

日期	EF
12 月 23 日	1.63
12 月 30 日	1.67
1 月 6 日	1.70
1 月 13 日	1.87
1 月 20 日	1.76
1 月 27 日	1.88
2 月 3 日	1.90
2 月 10 日	1.87

可以看到，他的 EF 在前 4 周内稳步增加。这说明身体对训练的反应很好，他的有氧耐力得到提升。到了第 5 周，EF 从 1.87 下降到 1.76。这也很正常，经常发生。有一两次负增长并不需要担心。不过，如果数字持续下降，就要逐一检查是不是上面提到的那些变量出了问题。

再仔细观察一下表 6.1，你会看到最后 3 周的 EF 变化值变小，几乎不再增长。这是个好现象，说明有氧耐力已经达到顶峰，这名车手可以进行更具挑战的训练内容了，包括节奏骑行。

甜区训练。提出功率训练概念的安德鲁博士指出，FTP 的 88%～93% 区域称为"甜区"，因为这个范围的训练特别适合强化 FTP。我使用和甜区同样的骑行方法进行有氧训练，不过不是进行稳态骑行，而是通过间歇的方式进行。我让上述例子中的车手先热身，然后进行 20 分钟的高 3 区和低 4 区的间歇，然后 1 区休息 5 分钟。

这个甜区训练由于属于 4 区，因此主要加强肌肉耐力，但其实是一种高级的有氧耐力训练。通常，当我发现 2 区的 EF 开始趋于稳定（见表 6.1 的最后 3 周），就会使用这种训练方式。有氧耐力和甜区的训练可能有几周的重叠。同样，还是要控制可能会影响计算结果的变量。

与我们认为的传统训练理念相反，3 区是一个提高有氧能力和 FTP 的非常有效的训练区间。刚开始我让一位车手只做 2 组 20 分钟的间歇训练，后来，在比赛（例如全程或半程 Ironman）前的 12 周，我让这名车手在一次训练中进行 3～6 组的 3 区间歇训练，因为这样的训练模式与比赛很接近。

确定间歇训练的 EF 需要多花点时间，可能还需要一个计算器。将间歇的标准化功率（NP）加起来，除以间歇训练的次数，即得到 NP 的平均值。同样计算出每次间歇训练的心率平均值。现在用平均 NP 除以平均心率，即得到训练中甜区部分的 EF。

表 6.2 所示的是一个甜区训练的 EF。注意，期间 EF 会略有减小，例如 2 月 6 日那一周。这也正常。继续训练，注意控制那些变量。当 EF 开始稳定，说明有氧能力又达到了一个更高的层次，可能还伴随着 FTP 的提高，现在可以进入更高阶的训练了。

表 6.2　基础期末期甜区训练的周 EF 举例

日期	EF
1 月 23 日	1.60
1 月 30 日	1.70
2 月 6 日	1.64
2 月 13 日	1.75
2 月 20 日	1.77

解耦

解耦是测量有氧耐力的第 2 种方法，它是指测量训练或比赛中出现的输入—输出关系的变化。这种方法能够从单次的骑行中分析当前的有氧能力。而为了能够确实提供有用的数据，这次骑行或其中一段数据必须完全有氧（在乳酸阈值之下），而且稳定（VI 不大于 1.05）。这种方法不如 EF 可靠，因为很多因素都会影响心率，然而我发现这种方法可以快速了解有氧耐力是否良好。注意，这个过程需要大量计算，但如果你使用 trainingpeaks.com 或 WKO+软件，就不用自己动手了。你可以在训练页面找到【Pw：HR】。

这个软件比较一次训练或一段训练（例如一个间歇部分或一个稳定部分）前半段和后半段的 EF。这两段的 EF 差除以第一段的 EF，就得到一个 EF 增加或降低的百分比。基本上，这个数字可以告诉你骑行中心率或功率的偏移量。当体能还不够强时，差别就会比较大。

心率和功率关系的任何变化就是解耦。如图 6.1～图 6.4 所示，可以看出，心率曲线和功率曲线有时平行或接近于平行（耦合），或者明显不平行（解耦）。

对于相对稳定而且不需要特别控制的有氧训练（就像有氧耐力骑行那样），我会期望看到运动员的数据，解耦部分不超过 5%。偶尔可能会出现负数。当然，这些负数自然小于 5%，可能反映出热身或天气等外界可变因素的影响，也可以被认为是好成绩。和 EF 一样，有很多因素会影响心率，从而造成解耦，例如高温、咖啡因和休息状态。必须控制这些因素，让解耦只反映有氧状态。

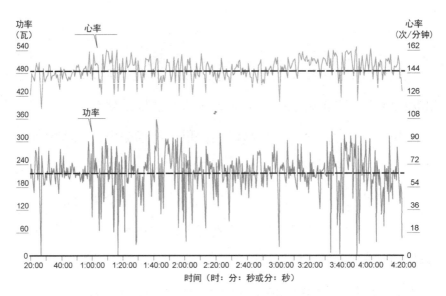

图 6.1 20 分钟热身后的 4 小时心率 2 区骑行，解耦率 3%（有氧耐力非常好）

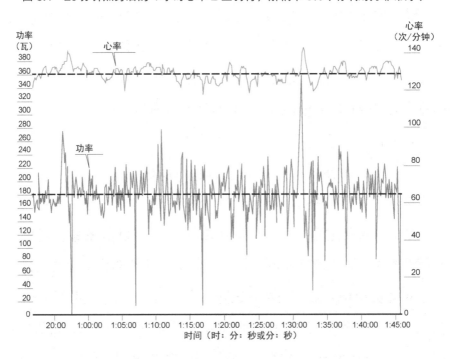

图 6.2 2 小时有氧耐力骑行，解耦率 2%（很好的有氧耐力）

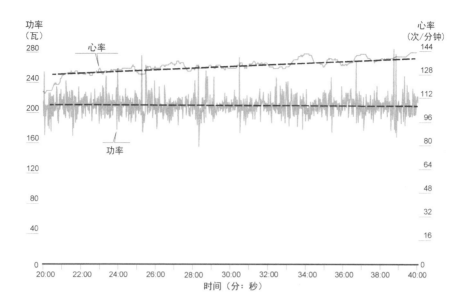

图 6.3　20 分钟热身后 20 分钟功率 3 区骑行，短时间解耦率 5%（有氧耐力存在问题）

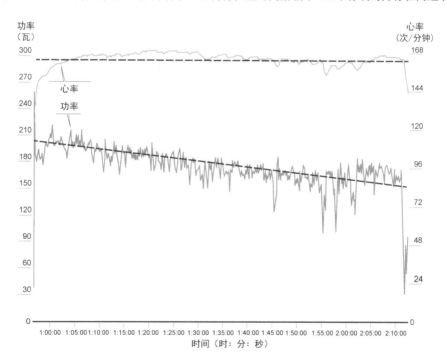

图 6.4　1 小时热身后，2 小时心率 3 区稳定骑行，解耦率 8%（有氧耐力很差）

一般来说，一个运动员的有氧能力是否完善，就看稳态有氧训练的解耦率是否超过 5%。例如，你有一段时间没有训练，解耦率会反映出体能的下降。这就好像训练后疲劳感增加一样，解耦率也会提高。疲劳会导致心率增加或功率下降，或同时出现。无论怎样，当解耦率大于 5%，说明有氧耐力还处于较低的水平。

强化期：准备比赛

基础期结束时，综合体能应该处于比较好的状态。这时的 FTP 应该也比几周之前高了，通过 EF 和解耦率可以知道有氧耐力也处于较高且稳定的状态。这一切都在比赛前 12 周达成。现在开始让自己变快，为比赛做准备。此时，训练必须要匹配目标比赛的需求。

我估计你现在应该能够想到，做好比赛准备只有两个要素需要考虑：时长和强度。过去，训练主要在意的是里程和人的努力程度。现在有了功率计，我们主要关注训练压力分数（TSS，后面会讲到）和强度因子（IF）。

比赛前的这最后 12 周内，能够表述训练内容与比赛需求的基本因素包括训练的 IF、训练压力分数、火柴和正确的节奏。随着针对性训练的持续进展，以上几个因素应该匹配比赛的需求。待完全匹配时，你也就做好比赛的准备了。这是确定训练内容是否正确的最基本方法。

比赛中最重要部分的表现都是由训练决定的，也应该在训练中进行模拟演习。铁人三项比赛中通常会有山路。在公路车和山地车比赛中，山路骑行的表现通常决定比赛结果，而其他车手的行为、战术自然也起着很大影响。这说明需要通过集体骑行来模拟比赛的关键部分。我们来看看我原来教过的两名运动员——一名公路车手，一名铁人三项运动员——是如何为他们的目标比赛进行训练的。

公路比赛训练

图6.5是我的一名队员在USAC全美公路大师赛赛道上训练的数据图。你只需要看热身后比较困难的一段路。他在比赛前6天进行了这次训练，当时处于巅峰状态，因此这段路要求在1小时内骑完。如果他能和几个人一起训练，能更好地模拟比赛，但是当时没有合适的人。不过，在比赛之前他曾经和其他人一起骑过跟比赛类似的山路。

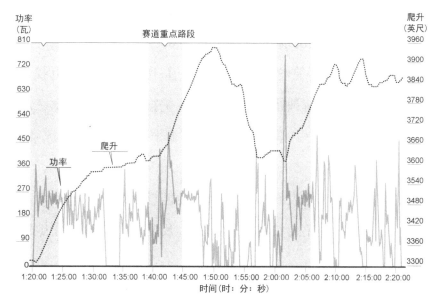

（注：1英尺=0.3048米）

图6.5　为了一场公路比赛做准备，按照比赛的强度在赛道上预选几个部分进行训练（图中选择的部分在比赛中进行了两次）

图 6.5 显示出模拟比赛的训练中爬升的变化和功率输出的变化。你看到的这一部分在比赛中骑过两次。我们找到每一圈中的 3 个选点（selection points）（比赛中集团可能分裂的地点），这主要根据地形来选择，同时也要考虑距离终点的位置。这次骑行的目的是在这些部分模拟比赛的强度。

结果我们的猜测是正确的。这位车手说这是他参加过的最好的公路车比赛。我们的成功来源于精心的准备。

铁人三项训练

图 6.6 是一名铁人三项运动员在一次奥运距离（40 千米自行车赛段）的铁人三项比赛中的数据。图中显示了功率和爬升。山坡虽然不陡也不长，但在这场比赛中起着重要的作用。高亮的两个最关键部分有 800～1200 米长，坡度约 4%。

这名运动员比赛前没有机会体验赛道，因此她在家附近找了一段类似的山路。赛前训练的一个部分就是按照计划的功率在这些山坡上进行重复骑行。那次比赛的功率水平比计划的整个比赛 NP 要高，而且也遵循了 50—40—30—20—10 原则（见表 5.2），并控制了火柴的使用（见表 5.3）。我知道她能够处理好平坦路段，但是运动员们通常会在爬坡时过于用力。反复的爬坡训练让她做好了准备。

这次比赛计划的 IF 是 90%～95%，都在 4 区。因此，比赛之前的 12 周内，她每周都要进行 4 区的肌肉耐力间歇训练。在这个区间比赛，意味着爬坡时会进入 5～6 区。她知道上限（6 区）通

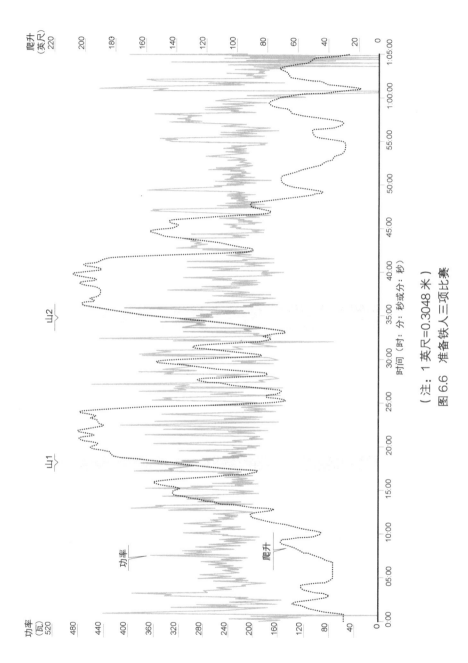

（注：1 英尺=0.3048 米）

图 6.6 准备铁人三项比赛

常不会超过 1 分钟，因此训练时每个爬坡都保持这个强度。我们估计第一个爬坡大概需要 2 分钟，第二个爬坡 4 分钟。我们在她家附近找到了相似的坡道，用来模拟比赛。

比赛当天，除了心里紧张之外，没什么特别的。如果没有功率计，整场比赛都会受到情绪的影响，特别是刚开始的几分钟以及每个爬坡。而有了功率计，管理强度变得容易了，她可以准确地控制强度。这次比赛她的自行车部分的变化指数（VI）是 1.05，说明比赛的节奏控制得非常好。

你是否更强、更快了？

我已经提到好几次，一个赛季的训练是从整体的训练转变到针对比赛的训练。而基础期的整体训练主要是为了提高有氧耐力。完成后就可以进入下一个阶段，让自己骑得更快了。这时候，需要注意采用一些训练战略，提高节奏管理、爬坡、冲刺、无氧等能力，从而让火柴可以更粗，燃烧时间变得更长。此外，还有一些和比赛相关但是和功率无关的内容，包括对手的情况、骑行风格、比赛计划制订、比赛日的营养、思想准备以及装备选择等。

有效的训练需要关注很多领域的指标变化。下面是一些与训练分析相关的功率指标，可以作为整个赛季的一个参考值，看出你的训练是否有效，是否变得更强、更快。

FTP 变化

衡量进步的最基本方法就是监测 FTP 的变化。希望变化是正数。FTP 应该在整个基础期内持续增长，甚至在赛前的 12 周内继续提升。不过如果基础期 FTP 增长得非常快，那么强化期的变化可能就没那么大。这不重要，关键是正在变快，而且 FTP 并不一定非要发生变化。还有很多其他的功率指标可以说明问题。

功率区间配比变化

从基础期到强化期，能够说明训练进步的一个间接指标是每个功率区间训练时长的变化。图 6.7 显示了一名纯公路车手的各功率区间所在时长。图 6.8 则是一名瞄准 Ironman70.3 的铁人三项运动员的数据。注意，在基础期，两个人的功率区间配比差别很小。其实，所有的耐力运动都是如此。在基础期，特别是早期，几乎都会专注于 2 区。

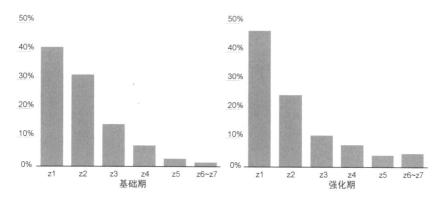

（注：z1 指 1 区，其他类推）

图 6.7　公路车手的基础期和强化期功率区间配比表

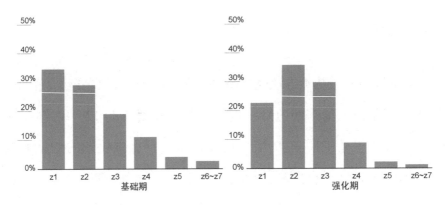

（注：z1 指 1 区，其他类推）

图 6.8　铁人三项运动员的基础期和强化期功率区间配比表

　　这两名运动员自然也是如此，大部分时间在 2 区强化有氧能力。但是到了强化期，差别就非常明显了。公路车手在高区（4～7 区）花了很多时间，而铁人三项运动员主要是在 2 区和 3 区。两个人的训练方法都非常正确，让赛前最后 12 周的训练更加像比赛本身。这一点也通过两张图体现出来。正如之前讲过的，公路比赛的成绩通常由很短的时间（几秒到几分钟）内所发生的情况决定，这段时间通常需要高功率输出；而 Ironman70.3 比赛，大多数年龄组的运动员都会维持在 3 区。

　　你的目标比赛也将决定你在赛前 12 周的训练要求。需要问的最基本问题就是："比赛中你要保持在哪个区间？"知道了这个问题的答案，你就知道强化期的训练重点应该放在哪里。表 4.1 能帮你确定这个信息。

功率/体重值（瓦/千克）的变化

　　我们所说的功率可以是绝对的，也可以是相对的。绝对的可以是你能骑出来的最高功率值，而不考虑其他因素。FTP 就是一个例子。相对的则是与其他信息做对比，例如你的体重。在下一部分，我会将绝对功率作为准备好比赛的一个标杆进行介绍。不过现在，我们来看看功率与体重的关系。

爬坡的时候，体重就成了一个重要的因素。同一段山坡上要骑出相同的速度，体重大的车手要比体重小的车手输出更大的绝对功率才行。这应该不用解释。想象一下，把一个 25 千克重的背包背在肩上去骑一个很熟悉的坡，如果还希望和平时同样的时间到达山顶，无疑需要更大的努力。取下背包再试一次，你会发现自己呼啸间来到山顶。相反，下山时再背上那个包，速度也能变快。因为这个时候，重力是我们的好朋友。

当重力成为成绩的主要决定因素时，重量就变得特别重要。当重力没那么重要时，例如在平路上，体重大一点也可以是个优势。我们来看看为什么。

爬坡成绩的一个主要决定因素就是功率/体重的值。也就是说，相对于体重，能产生多大的功率，这个值通常决定爬坡的时间。然而在平路上，成绩主要由每单位空气动力阻力的功率决定。而体形大和体形小的车手同时做出气动姿势，他们受到的空气阻力差异很小，因此这个时候，体形大的车手就占了优势。这是因为，如果其他条件相同，体形大的车手的双腿重量通常更大，肌肉也更多，也就意味着 FTP 更高。因此，体形大，绝对功率高，在平路上势必占明显优势。但如果是上坡，功率和体重的关系就更加重要。

一个体重 80 千克的车手比体重 60 千克的车手阻力多约 5%，但是体重大的车手更强壮，可以使用更高的齿比。在平路上，绝对功率为王。说到重力，两个人的体重相差 33%，因此到了山上就有了明显的差距。上山需要较大的功率/体重值。如果其他因素都相同（例如体能和装备），那么如果这两个人比赛爬坡，我会把钱压在体重小的车手身上。

爬坡时能产生的功率一般用功率/体重来表达。这个值与绝对功率相比是更可靠的爬坡能力指标，因为其中包含了体重这个关键因素。

为了确定你的功率/体重值，首先确保你的体重是以千克为单位计量的。接下来，要知道你的 FTP。我们沿用上面的例子，假设 80 千克的车手的 FTP 为 330 瓦，那么，他爬坡时的功率/体重值就是 4.1（330÷80=4.1）。如果另一名 60 千克重的车手的 FTP 是 265，那么他爬坡的功率/体重值为 4.4 瓦/千克，因此爬得更快——当然，我们假设其他情况相同，而且两名车手都在 FTP 强度下爬坡。即使 60 千克车手的绝对功率低 20%，但是由于功率/体重值比另一名车手高出 7%，因此可以爬得更快。

我们得到结论，作为一名爬坡手，如果想要提高，需要提高功率或减轻重量。多余的重量并不一定是体重，可能是装备的重量。每多 0.5 千克重量，无论是什么东西，都要多花 1.5 瓦的功率才能爬上山坡。由于耐力运动员在进入强化期时通常已经降低了体重，因此爬坡能力会有所提高。如果体重不变，绝对功率增加的话，爬坡能力也可以提高。这就引出下一个话题。

峰值功率变化

在第 5 章中，我提到了峰值功率的概念。它是指在指定时间内达到的最佳功率，例如 30 分钟（P30）、1 分钟（P1）或其他任意时长。那一章中，我们通过从 1 秒到几小时的峰值功率做了一张峰值功率曲线图，显示出车手的最佳绝对功率值，从而判断出车手的类型。我还举了一个职业铁人三项运动员和 Cat Ⅲ 公路车手的例子。在下面的内容中，我将讲解如何通过测量峰值功率的变化来判断比赛的准备情况。现在，我们先来看看如何把峰值功率当作准备比赛的检测标准之一。

在某一类比赛中，可以说明车手是否已经为比赛做好充分准备的一个最佳指标就是，根据比赛的需求，他能够在一定的时长内产生多大的绝对功率。例如，公路比赛通常需要几秒到几分钟的短时间高功率输出。如果随着比赛日的临近，你的 P1 在提高，说明你正在为比赛做出正确且良好的准备。同样，如果铁人三项运动员或山地车手的 P30 提高了，说明训练的方向是没有问题的。

记录峰值功率的变化是衡量比赛准备程度的一个非常好的，甚至可以说是终极的办法。毫无疑问，功率越高，特别是在关键的时间范围内，说明比赛准备得越好。

图 6.9 和图 6.10 显示了一名公路车手和一名铁人三项运动员的 10 个最佳峰值功率。这两场比赛都是大师级别的。公路车手的峰值功率分别出现在 6 秒、1 分钟、5 分钟和 30 分钟时。这些都是公路比赛成功的重要时段。而铁人三项运动员的表格内容相似，不过没

有 6 秒的功率，因为这个值对铁人三项比赛并不起决定性作用。其实，对于铁人三项运动员，省去 1 分钟的峰值功率也正常，不过为了方便比较我还是保留了一下。首先我们从图 6.9 的公路车手说起。

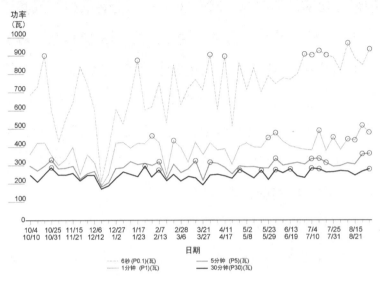

图 6.9　大师级公路车手每类峰值功率的周记录和 10 个最佳点（圆圈）

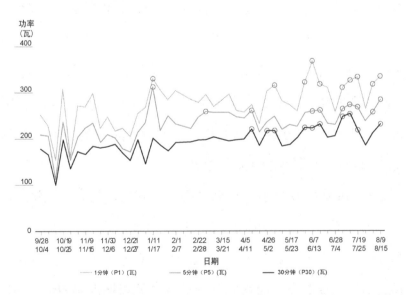

图 6.10　大师级铁人三项运动员每类峰值功率的周记录和 10 个最佳点（圆圈）

图 6.9 中的小圆圈表示车手对应的 10 个最佳功率输出。圆圈如果向右移动绝对是件好事，说明功率在提高。圆圈聚集说明车手越来越接近比赛状态。这些点的聚集通常会在重要比赛之前开始出现。图中，有一半的圆圈出现在最后 9 周内，这说明这名运动员目前状态非常好。而在早期，也就是图的左边并不是如此，圆圈和圈群都很少。

这名铁人三项运动员当前的状态更好，从图 6.10 中就可以看出来。在最后 11 周中，几乎每个时长的所有最佳峰值功率都出现了。这些圆圈都聚集在图右侧。是时候去比赛了！

功率曲线变化

使用 WKO+软件或 trainingpeaks.com，可以设置自己的功率曲线（见第 5 章），从而比较当前与以前的功率，或不同部分，例如本赛季基础期和强化期的功率变化。我发现 WKO+软件的这个功能检测进步情况非常好用。对比之前的数据，可了解训练进展，知道自己是否正朝着目标前进。

这些变化反映了耐力的提高，或者换个方式说，疲劳感的减少。由于功率曲线的任何一部分对于耐力的提高都很重要（也就是说，相对于之前的数值增加了），所以你的耐力和抗疲劳能力也就提高了。图6.11～图 6.14 显示了一名公路车手从前一个赛季（实线）到当前赛季（虚线）的功率变化。这些图主要是他在当前赛季取得进步的 4 个快照。图 6.11 所示的是 1 月的功率，图 6.12 所示的是同年 4 月的功率，一个月后的变化是图 6.13，最后的图 6.14 是接近赛季末的 8 月的数据。

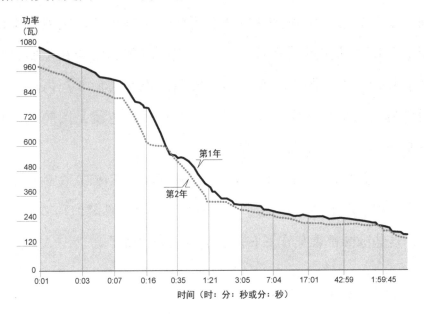

图 6.11　1 月功率曲线

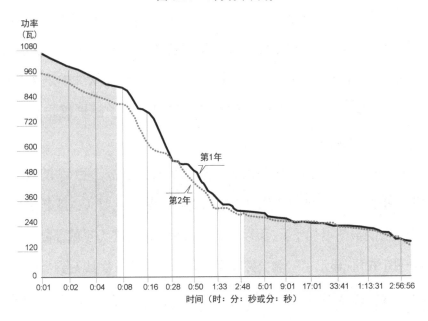

图 6.12　4 月功率曲线

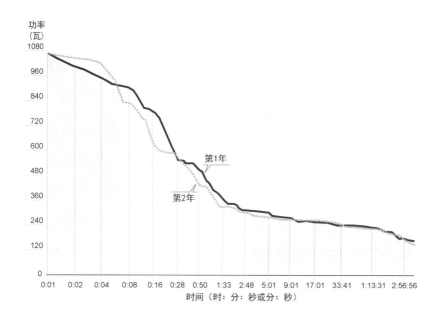

图 6.13　5 月功率曲线

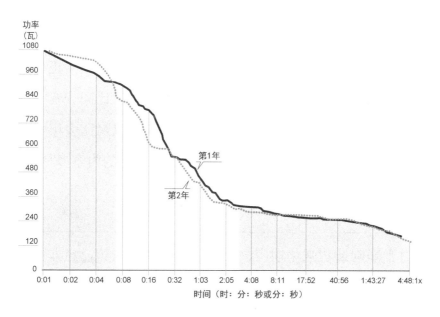

图 6.14　8 月功率曲线

通过比较任意时间的 x 轴，我们可以看到他的比赛状态正在提高。

例如，我们可以看看图左边几秒和右边几小时的数值变化。这名车手参加了很多绕圈赛，因此他的冲刺能力很重要。这可以在图的左侧看到。例如在图 6.13 中，车手 4 秒的功率远超上一个赛季。直到 5 月（图 6.13），冲刺能力才有了明显的变化。在 5 月，虽然 1 秒的功率（大约 1080 瓦）较上一个赛季没有太大变化，但是 4 秒的功率从 900 瓦提高到了约 1020 瓦。也就是说，他能够比以前以更高的速度和更长的时间冲刺。而这个提升源自更长时间的功率强化训练。当更长时间的冲刺对他要参加的比赛非常关键时，目前的状态就非常有意义了。不过，这在赛季最后 3 个月没有变化。

注意，在 4 月时他的功率（图 6.12 右侧）已经提升到上个赛季最好的水平。这反映出了在基础期长时间训练的效果。而 4～8 月并没有过多变化。

同样，我们也可以选取不同的部分进行分析和对比。正如这些图一样，可以是一个赛季之间的对比，也可以对比同一赛季内两个时间段的变化，例如基础期和强化期，还可以对比去年大赛前和今年大赛前这最后 12 周的情况。可以选择对比的内容多种多样，因此这是一个分析训练进展的绝好工具。

对于基础期和强化期应该做什么，现在你应该已经非常清楚了。你的功率计和软件能帮你细化训练，评估训练进展。购买功率计绝对是个正确的选择。我知道它很贵，但它确实是个神奇的工具，可以让你的训练效果更上一层楼。下一章，我将介绍如何凭借几种全新的功率思维模式来进一步提高成绩。

第 7 章

高水平运动员使用功率计的方法

本章是写给那些瞄准赛季中的 2～3 场 A 级比赛，且希望每一场都能达到巅峰状态的高水平运动员或教练的。我将介绍为取得优异成绩进行训练的前沿科学训练法（这可能有些深奥）。

如果你刚刚开始训练和比赛，这一章的内容可能超出了你目前使用功率计的需求。不过，这些深奥的内容要求先对"功率与周期化"一节的内容有一定了解再阅读。即使巅峰状态并不是你想要的——也许你骑车比赛仅仅是为了娱乐——我仍然强烈建议你阅读完那一部分内容。这样你会对训练有个更好的理解。当然，你也可以先阅读后面的内容，之后再重新学习本章的内容。也许以后你会考虑想要达到一次巅峰状态，并让功率计和软件来帮忙。那个时候，你可以重新再来，仔细阅读。

下面我们来学习真正认真的运动员应该进行的训练。

功率训练的组成

训练由 3 个部分组成，分别是频率、时长和强度。无论你是参加环法的职业车手还是刚刚开始认真骑行的新手，这些就是训练的全部 3 个部分，也是可以变化的方面。我相信这对于你不算什么新的知识，因为这是训练的基础知识。而我要做的正是从这些基础知识开始，让你在看完本章之后，能够结合功率计和软件，让自己在最重要的那一天达到巅峰状态。首先，我们再统一一下对这 3 个组成部分的看法。

频率

所谓频率，无非就是多久骑一次车。这是训练的最基本要素。

对于新手，骑车的频率直接决定了身体的状态。这个阶段只要经常骑就可以，不必在意距离和强度。当然，不一定要进行高强度或长时间骑行。只要保持一个舒适的强度和可控的时长，新手都会有明显的稳步提高。

频率对于老手同样重要。作为运动员，你不能经常不训练，还期望自己变得更快。如果你开始犯懒，每周的骑行次数减少，那么能力会大大下降。在最高的水平，无论是公路车手还是山地车手，每周至少要骑 6 天车。骑车的时间与成绩紧密联系。有趣的是，如果一周从骑 6 天增加到骑 7 天，体能并没有什么明显的提高；但是如果从 6 天降到 5 天，就会明显下滑。我知道这听起来不太公平，但真的就是这么回事。

训练频率对铁人三项运动员是个巨大的挑战。有经验的铁人三项运动员通常比公路或山地车手骑得稍微少一点。他们一周骑行四五次，以便为游泳和跑步保留足够的时间。如何充分合理地分配有限的训练时间对于多项运动的运动员是个巨大的难题，特别是自行车训练，因为在标准铁人三项比赛中，自行车项目就占去了大约一半的总时间。例如如果一名铁人三项运动员用 2 小时完成了奥运距离的比赛，那么自行车项目大概要用 1 小时；而如果是 12 小时的 Ironman 比赛，自行车项目通常也要占到 6 小时左右。知道这些后，我强烈推荐铁人三项运动员每周拿出一半的时间来训练自行车。

无论你使不使用功率计，频率都是有效训练的关键组成部分。我们经常会提到训练量，也就是每周训练的总小时或总距离，而频率在这个概念中就占去了一半，另外一半则是指每次训练的时长。

时长

每次应该骑多久？这要根据你参加的赛事类型来决定。高阶的运动员会参加较长的公路、Ironman、山地车马拉松等比赛，他们每周至少进行一次超过 4 小时的骑行，让自己能够适应长时间的比赛。如果目标比赛的时长短一些，那么就应该缩短平时时间最长的骑行。当然，不管比赛的距离到底是多少，我们都有一段更短的积极恢复骑行（1 区），让运动员的身体在辛苦训练或比赛之后得到恢复。在距离最长的骑行和恢复骑行之间的那些训练应该更关注高强度。

强度

对于有经验的车手而言，训练的关键就是强度，运动科学研究人员已经多次证明了这一点。如果你是名经验丰富的车手，但整天只进行低强度的长距离骑行，只求量的积累，就永远无法发掘自己的真正潜能。那么强度到底有多重要呢？如果必须给一个数字，我会说，强度占了 60%。余下的 40%，占比最大的主要训练内容的时长。每周的量位居第三，而且比例很小。

这并不是说一定要保持最高强度训练，而是应该注意让训练——特别是关键的训练内容——达到比赛的强度。所谓关键的训练，应该是个挑战，是为了提高第 4 章中讲到的 6 种训练能力而设计安排的训练内容。最难的关键训练内容通常是一场模拟的比赛，无论是在强度上还是时长上。这也是最能让你为比赛做好准备的训练方式。不要因为贪图更长距离而放弃了强度，否则太不划算。

训练负荷（workload）

训练负荷就是频率、时长和强度的综合，可以用它来描述一次训练或者一段时间，例如对一周的训练频率、时长和强度的总结。

对于单次训练，时长或强度增加或减少，训练负荷就会增加或减少。低强度长时间骑行的训练负荷可能和短时间高强度骑行一样。体能与为了某个比赛而专门设计的不同时长和强度的训练是两回事。不同的时长和强度可以组合出相同的训练负荷。

周训练负荷是一周的训练量（频率+时长）和强度的综述。很多运动员会用训练量来代替训练负荷：每周骑行了多少小时或多少千米。根据我前面讲过的内容，这并不是描述训练负荷的最好方式，因为它把强度这个最重要的元素忽略了。骑了多少千米并不重要，重要的是如何完成那些千米数的骑行，才是让比赛发生质的变化的关键。

训练负荷可以是一天、一周、一个月、一年，或者任何一段时间内，我们可以把它当作一个训练模块。了解自己在一段时间内的训练负荷可以更好地管理训练，从而在比赛中取得好成绩。增加训练负荷，可以提高体能；降低训练负荷，可以让身体恢复。因此，如何合理地组合训练量和强度，给训练负荷一个直观的数值呢？这时功率计又给我们提供了一个解决方案。

训练压力分数

辛苦的训练会给身体造成压力。事实上，好的训练内容就是要达到这个训练效果。当身体经受了训练压力，就会做出反应。首先是疲劳，然后，通常在几小时内，以充分的恢复为前提，身体开始适应新的压力水平，我们称之为"适应性体能"。一次压力较大的训练之后，体能的涨幅很小，无法测量。但如果几天内的压力施加适度——不会太多也不会太少——那么体能的变化就很可观了。你能产生更高的功率，骑得更快，承受更大的压力。

显然，如果今天的你能比一个月前承受更大的压力，就说明你变强了。现在，为了掌握训练负荷的基本知识，我们先只看其中的一个元素：量。比如说，这周你一共骑了16小时，这个时长你刚好能够控制，也就是说你已经非常累了，但是到周末的时候还没有精疲力尽。但是一个月之前，你只骑12小时，身体就达到了极限。根据这个变化，我认为你现在的状况比一个月前要好，你的体能已经提升了。如果一个月后你的训练量是20小时，而你仍然能够接受，那么就说明你的身体在持续变强中。也就是说，在一段时间内，例如一周，你能够承受多少压力，可以作为体能状况的一个间接指标。之所以说是间接，是因为我们并没有进行任何生理方面的测试，例如VO$_2$max。不管怎样，这都是个好现象，说明身体正在朝着积极的方向变化。

你应该知道，上面只是用训练量举了个例子，并没有把最重要的强度算进去。如果我们能够找到一种方法来综合考量，那么这个压力累计的概念就会达到一个更高的水平。下面我们来看看一个叫作"训练压力分数（TSS）"的东西是如何做到这一点的。

TSS 其实只是一个数学计算结果，把一次训练的时长和强度代入计算公式得到一个数值，也就是"分数"。这个分数比我们单独去说骑了多长时间或者多难要更能准确地描述一次训练经历的压力。我们现在只需要一个数字就能反映出一次训练的强度，从而很容易对比不同的训练内容。下面具体讲解。

每个训练都有一个 TSS，有些功率计的表头和分析软件可以自动计算。TSS 由骑行的时长（单位秒）、标准化功率（NP）、强度因子（IF）和功能性阈值功率（FTP）决定。计算公式同样出自安德鲁博士的学术研究：

$$（训练时长×NP×IF）÷(FTP×3600)×100 = TSS$$

其中的 3600 是 1 小时的秒数，是一个常量。你应该记得，FTP 也跟它有关。另外，100 也是个常量，是为了得到一个两位数或三位数的 TSS。

你应该还记得 NP、IF 和 FTP，它们都是衡量强度的指标。通过引入 TSS 的概念，这些指标与体能的关系更加明确。其实，在这个公式中使用它们，能够帮你衡量自己的体能和疲劳趋势，同时让身体在最重要的比赛之前达到巅峰状态。这非常奇妙，我很快就会介绍。不过，首先你要熟悉 TSS，习惯把它当作训练负荷的一个指标。

我用一个例子来帮助大家理解 TSS。假设星期二你进行了一个正好 2 小时（7200 秒）的训练。结束后查看表头，NP 为 188 瓦。之前测得你的 FTP 是 250 瓦，因此 IF 为 0.75（188 ÷ 250 = 0.75）。

我们把这些数据代入 TSS 的公式中：

$$(7200 \times 188 \times 0.75) \div (250 \times 3600) \times 100 = 112.8$$

那么这次骑行的 TSS 就是 112.8。仅凭这个数字，我们无法知道具体进行的是哪种类型的训练，因此也无法判断出哪方面的能力得到了提升。你可能进行的是肌肉耐力训练、无氧耐力训练或其他能力训练（见第 4 章）。但是我们能知道这次训练有一定强度，因为你在 FTP 的 75% 时骑行了 2 小时。这是一次非常具有挑战性的骑行。一旦你积累了很多次训练的 TSS，就能从其中看出端倪。我们来模拟进行一周。

你这次 TSS 为 112.8 的骑行是周二进行的。本周其他几次骑行也都记录了 TSS。到了周末，你的训练日记中会形成这样一个表格，见表 7.1。

表 7.1　TSS 记录

日期	TSS
周一	0（休息日）
周二	112.8
周三	80.5
周四	100.6
周五	72.8
周六	101.2
周日	153.9

每天的 TSS 都是使用上面的公式计算的。这样我们对每次的

骑行难易程度有了个大致了解。例如，我们可以看到，周二、周四、周六、周日的骑行比较辛苦，因为 TSS 比较高。周一、周三、周五是恢复日。其中最辛苦的就是周日的骑行。

如果将每天的 TSS 加在一起，我们就得到本周的周训练负荷为621.8 TSS。这样我们就有了一种全新的反映一周训练有多么辛苦的表达方式，这种方式不再是只考虑训练量，而是把训练强度也纳入其中。正如前面说到的，训练负荷增加，体能也就会增加。换句话说，训练的时间越长，强度越大，你就会变得越强。因此，如果 621.8 比上个月的 TSS 高的话，说明你已经变强了。而所谓的 TSS，只是我们使用已知的可以产生生理表现（强身健体）的训练元素创建的一个数学模型。

现在我们来看看如何使用 TSS 来监督体能，从而让自己为比赛日充分做好准备。这就要讲到训练的周期化。

功率与周期化

如果你已经接触这项运动有一段时间，一定听说过周期化这个概念。所谓"周期化"，只是一个描述如何根据时间来安排训练的术语。你可以安排辛苦和轻松的日常训练和周训练。这是周期化的一种最简单的模式，其目的是对身体造成一定的压力，同时还要保证有足够的时间恢复，不让身体训练过度。而 TSS 正好让周计划概念更加直观。通过使用 TSS，你可以准确地管理训练压力水平和疲劳水平，从而达到强化身体的目的，在比赛日能够达到巅峰状态。

体能

什么是体能？作为运动员，我们经常提到这个词，但是很少会能取得去思考它的意思。从运动成绩的角度来看，体能就是指以能取得优异成绩的水平参加比赛的状态。而训练则是针对某一场比赛专门安排的。一名准备参加 1 小时绕圈赛的公路车手的体能要求与一名准备参加 Ironman 比赛的铁人三项选手的体能要求完全不同。因此，尽管训练中都会涉及自行车运动，但是训练的方式大相径庭。主要区别在于训练有多长（时长）和多难（强度）。对于一些关键的训练，这两名运动员的 TSS 可能相同，但是获得这些 TSS 的方式则完全不同。其中一个强调的是长时间和中强度（Ironman），另一个则更专注高强度和中等时长（绕圈赛）。

这两名运动员都会关注每天和每周的 TSS，确保他们的体能在增加。前面已经讲过，如果他们每日和每周的 TSS 在增加，就说明他们正在进步。过去很高的 TSS 现在降低了，说明训练内容也变得更难，给身体施加更大的压力，从而让运动员为比赛当天做好准备。

你可以使用软件和一张叫作"成绩管理"的图表来关注 TSS 的变化（WKO+和 trainingpeaks.com 提供这个功能）。WKO+软件默认体能的变化比较慢，需要数天才能看到变化，甚至需要几周。可能需要 6 周才能看出某方面（例如 VO_2max）的明显提升，绝对不是一朝一夕的事。

因此，这个软件会连续 6 周（42 天）计算出你每天训练的 TSS 平均值（这是默认设置，可以根据自己的情况手动调整）。软件将这 42 天的 TSS 加在一起，除以 42，得到平均每日 TSS 的值，在图表上显示出来。

图 7.1 就是一张成绩管理图。图中，x 轴是时间，为整个赛季的每一天，最左边的第一天是第一年的 10 月 21 日，训练从这一天开始，最右边是第二年的 9 月 1 日，这一天训练结束。y 轴是每天的 TSS。每个日数据点是包括当天在内的 42 天的平均值。将这些点连起来，即显示出 TSS，也就是体能是如何变化的。曲线上升，说明体能在提高；曲线向下，说明体能下降。

现在你应该能够发现了，我在说"体能"的时候，是很含糊的。这条曲线并没有说明是哪方面的体能——绕圈赛还是 Ironman。它只显示出这名运动员能够承受更多或者更少的训练负荷，从而估计出体能情况。软件中为了避免这个问题，将这些连接的数据点称为"长期训练负荷（CTL）"。

名称无所谓，但是我们能通过它看出训练压力管理能力的提升（或下降）。不过，如果 CTL 高，例如图 7.1 中出现的 93，并不意味着你能够在比赛中胜过在同一时期 CTL 只有 76 的车手。这个数字并不能反映实际的成绩。某一时间点的 CTL 只能显示出你自己的一个趋势——相比于之前的自身变化。

这个工具可以通过控制曲线升降的速度来管理训练。你可以通过它来观察走势并进行调整。当 CTL 升高时，你无疑变强了，因为你能够承受更大的压力，但同时身体也更疲劳。

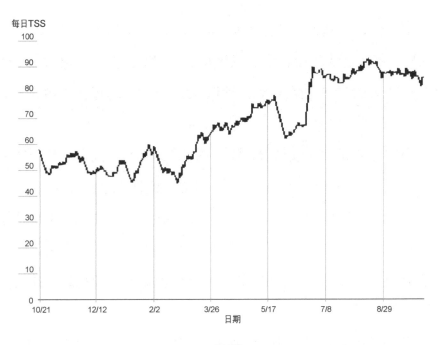

图 7.1　成绩管理图

疲劳

现在你应该理解 TSS 和体能之间的关系了。随着训练负荷的增加——通过成绩管理图中 CTL 的增加反映出来——体能也提高了。当然，每天 TSS 的增加也会让身体更加疲劳。训练负荷越大，就会越累。因此，如果体能提高了，每天的 TSS 也在增加，那么我们可以得出一个结论，体能和疲劳的走势是相同的。换句话说，如果训练更刻苦，体能就会更强，而疲劳感也会更强。反之，如果降低训练负荷，两者也都会下降。这当然显而易见，但随着我们对这个问题的深入了解，你可能会质疑为了准备比赛所做的这些事情的逻辑关系。别着急，我会证明上面的这个说法与你的经验并不违背。

成绩管理软件就像计算 CTL 一样也会计算每天的疲劳数据。不过，这次不是以 42 天为计算周期，而是 7 天（这是软件的默认设置，可以更改）。这是因为，与体能相比，疲劳出现和消失的速度更快。一次辛苦骑行结束后的第二天，体能的变化很小，无法测量，但是你能够感到明显的疲劳。你当然是很累的。但是再过一天左右，经过恢复，疲劳感基本就消失了。由于这个计算的时间周期比较短，因此软件称之为"短期训练负荷（ATL）"。

CTL 和 ATL 听起来非常重要，和运动员讨论成绩管理时，我会用它们来代替体能和疲劳。虽然严格意义上它们并不是这个意思，但是它们能够反映身体的变化，而且也更容易理解。所以，为了方便，下面我们默认 CTL 表示体能，ATL 表示疲劳。

图 7.2 所示的是图 7.1 那名车手的疲劳情况（ATL）。应该能

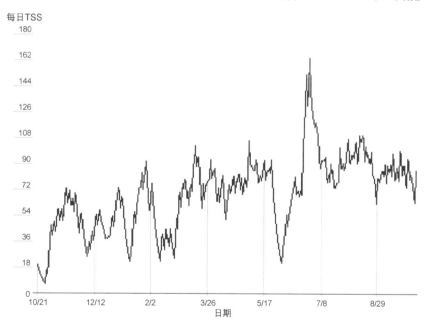

图 7.2　成绩管理图中的疲劳情况（ATL）

看到，相比于体能的变化，疲劳的波动更大、更快。这自然是因为疲劳来去匆匆，而且可能会很强烈，所以车手更容易感受到。

将车手的这两条线放在一起，我们就能更清楚地看到车手在这段时期内都经历了什么。可以查看图7.3。当疲劳线高于体能线，我们就能知道，此时他的身体非常疲劳。注意图中间部分，6月底，疲劳线大起大落，而体能线则是稳步上涨。从而我们可以了解到，这名运动员在这两周内的训练非常辛苦。体能提高了，同时疲劳感也很强烈。而这之前的5月末完全没有训练，因为体能线一直在下滑，远远低于疲劳线。事实上，这张图很好地表现了这名车手在这段时间内都干了什么。它是一段历史的缩影，为我们提供了关于这名车手的很多信息。当然，这些信息来自于每天功率计记录的数据。

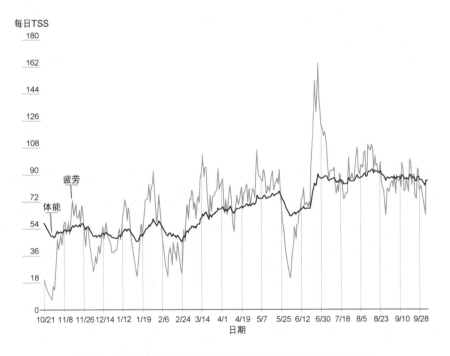

图7.3　成绩管理图中同时显示体能（CTL）和疲劳（ATL）

如果你不能上传训练数据，那么这张图和上面讲的其他内容就都没用了。所以，每次骑行后必须把数据上传到电脑，无一例外。如果偶尔有几天不能上传，也不要烦恼，功率计通常有一定的存储空间，可以保留几天的训练数据。具体能保存多久的数据，与功率计的品牌、设置、训练时长等有关。详细信息可以咨询制造商。

状态

成绩管理图还能用来保证比赛日处于巅峰状态。巅峰期，有时也称为"缩减期"，是一个周期化的阶段，这段时间训练时长短，而保持与实际比赛相当的强度其最终目的就是在比赛当天进入"状态（form）"。你肯定听过很多运动员或体育评论员说过这个词，他们会说成"on form"。不过没人解释过这是什么意思，我估计是因为没人真的懂这个词。而这种说法并不完全，不能说明运动员的体能是否处于高水平。我来解释一下。

"form"这个词被认为起源于19世纪末欧洲的赛马业。如果你去赛马场，想押一匹马，需要去赌马经纪人那里，他有一张纸，上面记录着所有参赛的马匹、获胜赔率以及之前的成绩。你根据这些信息选一匹马下注，原因是这匹马"on the form（在这张表格上）"，看起来还不错。后来这个词逐渐演变成"on form"。

自行车比赛基本在同一时期开始兴起，当时也有人赌自行车赛，因此就借用了这个词，之后就一直沿用，100多来年，一直也用"on form"来描述自行车手。近些年，其他运动项目也开始使用这个词，从骑行到跑步再到高尔夫，当然也包括山地骑行和铁人三项。

但是，如果说"on form"并不指身体强壮，那么在谈论比赛时，它到底是什么意思呢？即做好了比赛准备。所谓做好比赛准备，是指体能很强，更重要的是，运动员的身体很清爽——休息好了。我们已经知道了体能，也就是成绩管理表上的CTL。那么，我们如何来测量身体的"清爽程度"呢？通过更好地理解减量期和巅峰期，我们就能回答这个问题了。

当你进入减量期，开始降低日常的 TSS（训练负荷），中间进行一些短而类似比赛强度的训练内容。还记得我们前面讨论过的，当 TSS 降低时会发生什么？体能下降。这样也行吗？也许不太好？大多数运动员都相信，当他们进入减量期，他们会收获体能。然而，你不能降低 TSS 的同时又增加体能。现实不是这样的。如果压力降低了，体能就开始流失。如果减少训练也能提高体能，那天天坐在电视机前就能强身健体了。

当体能下降时，疲劳会怎样呢？记住，它们的走向是一样的，但是程度却大不相同。因此，减量期时疲劳感大大减轻。这并不是坏事，疲劳感减轻了说明精力更加充沛。这是决定性的一步：当削减 TSS，精力会增加——就"进入状态"（见后）了。你必须降低 TSS，不过这会造成体能下降。但这是可以接受的。这个难题从体能的另一个特性得到解决——体能下降的速度比疲劳要慢。

如果训练期间你非常小心，一两周就能够让疲劳感大幅减轻，而体能只会下降一点儿。把握好时机，比赛当天就能有好状态。即使稍微损失了一点儿体能，但是疲劳感大大减轻，比赛也能取得更好的成绩。体能高但疲劳感也强的运动员，成绩肯定不如体能稍差但是精力充沛的运动员，因为疲劳的影响更大。因此，为了消除疲劳，损失一点儿体能是非常值得的。

在减量期内，体能、疲劳和状态三者关系的另外一种表达方式就是，我们的重点是消除疲劳。如果这样想的话，"状态"的公式就变成：

$$体能（CTL）-疲劳（ATL）=状态$$

我们损失一点体能，但是可消除大量疲劳，从而保护比赛状态。因此，需要保持体能和疲劳之间的一个合理平衡。这个平衡得到的结果——状态——在成绩管理图中称为"训练压力平衡（TSB）"。这也是个有意思的术语，除了说明图中的数据时，其他情况我们会把它和"状态"对等起来。

图 7.4 又在前两张图的基础上加入了 TSB。每天的 TSB 数据是前一天的体能（CTL）减去疲劳（ATL）。如果 ATL 和 CTL 正好相等，那么 TSB 就是 0，图形正好压虚线。如果 TSB 超过虚线，说明为正值，运动员"on form"。不过 TSB 可以小于 0，也就是负数。当 TSB 升高，运动员就"进入状态"。所谓"进入状态"就是指正在为达到比赛状态做准备，但还没有完全在状态。在减量期，我们需要利用周期化的概念来保证 TSS 变化符合我们的需要。下面我们来看看具体应该怎么做。

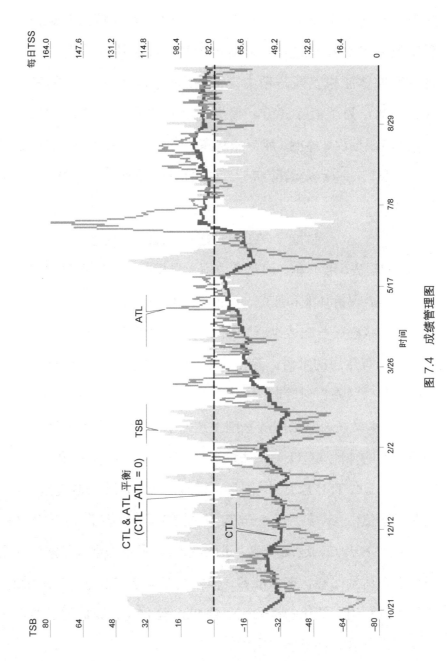

图 7.4 成绩管理图

成绩管理

那么，你希望自己的状态（TSB 线）如何变化呢？如果 TSB 值过高，你就会损失很多 CTL。这肯定不好。我喜欢为运动员设计一套能让他在比赛当天的 TSB 在+15～+25 之间的训练计划。这样，CTL 通常只损失 10%左右。这是可以接受的。如果体能的损失再大的话，即使 TSB 值很高，比赛成绩也会大大下降。

为了让比赛日的 TSB 在+15～+25 之间，我会使用软件中的日历视窗，输入我希望的减量期内每天的 TSS 值。减量期通常为 2～3 周，因此，有几天要降低 TSS。然后我会看看降低每天的 TSS 对 CTL 和 TSB 有什么影响。如果结果不是我想要的（TSB 不在+15～+25 之间，且 CTL 下降超过了 10%），就去调整每天的 TSS，直到达到想要的效果。最后一步就是设计每天的训练内容，以达到必要的 TSS 和 CTL 值。这是一个有点儿漫长而艰苦的任务，但我发现相当有效。我估计在本书完成后不远的将来，这款软件就能帮你完成大部分工作了。

我希望现在你能够明白我为什么要在本章刚开始就提前解释这里的内容了。这是最尖端的训练。只有世界上最好的教练才会这样训练他们的队员。绝大多数运动员都不知道这种训练方式，

能这样训练的就更少了。这些内容并不简单，需要一些时间学习，当然也要对训练有一定程度的理解。但是只要有功率计、分析软件（WKO+或 trainingpeaks.com）以及强烈的训练与比赛愿望，任何人都能做得到。

第 3 部分

如何使用功率计提高竞赛成绩？

第8章

公路赛和计时赛的功率

作为一名自行车赛车手，你的专长可能是冲刺、爬坡或计时。也许你是一名全能车手，无论是大组赛、绕圈赛、计时赛还是多日赛都会参加。比赛的赛道有高山，有小坡，也有平路。在公路大组赛中，情况千变万化，车手们会发动进攻，大集团明争小集团暗斗。车队战术也会对局面造成巨大影响，一支车队需要决定是否进行追击或者派人发动进攻等。

为这样复杂的比赛做准备，你就需要明白想要取得成功有什么要求。对于这个成功，每个人有不同的定义。然后就是执行一个计划，让你在比赛当天达到最佳状态。这绝不是一个简单的挑战。而功率计和分析软件能够让准备工作变得更加容易。本章中，我将告诉你如何使用它们让比赛成绩更好。

重点

如果你刚开始用功率计，估计读到这里你多少会有点晕。我抛出了大量信息。而在读这本书之前，你可能从没想过车把上显示的那个数字能有这么多用处。下面我们来缩小讨论范围，专门来看看针对公路大组赛和计时赛，哪些信息最重要。我还会引入其他一些话题，帮你把前面读到的内容串联起来，目的就是帮你使用功率计取得更好的比赛成绩。

为赛而练

比赛的生理需求具体而明确，训练的目的是为了达到那些需求。比赛目标越高，就必须越发明确，准备过程也就越复杂。而如果你懂得功率，这个过程就会变得相当容易。如果你还有以前的数据，就更加简单。通过了解之前比赛的每个细节，你可以确定比赛的具体需求，同时也确定训练目标。

都应该注意哪些内容呢？下面的清单可以帮你了解各种比赛的重点，以及相关内容所在的章。

公路赛分析

- 整个比赛以及关键部分（如爬坡）的标准化功率（NP）和强度因子（IF）（第4章）
- 冲刺、出弯、爬坡、大集团中、小集团中火柴的燃烧（第5章）
- 各个时长，特别是5分钟以内的峰值功率（第5章）
- 比赛，包括热身环节的训练压力分数（TSS）（第7章）
- 重大比赛当天的训练压力平衡（第7章）
- 比赛中过度疲劳的迹象（第5章）

计时赛分析

- 整个比赛和特定部分的变化指数（VI）（第5章）
- 整个比赛和特定部分的强度因子（第6章）
- 重大比赛当天的训练压力平衡（第7章）
- 比赛中过度疲劳的迹象（第5章）

下面我们详细了解一下公路赛和计时赛的具体细节。

使用功率计比赛

公路比赛不断变化的特点迫使你在期间必须要快速做出决

定。要不要加入别人的突围集团？能不能追上？在先头部队中努力配合还是保存体力？爬坡时该不该提高节奏？如果孤身一人在大集团前面该怎么办？了解各个时长的峰值功率可以帮你做出决策。

首先，我们来回顾一下第 5 章讲的峰值功率。它是指在指定时长内可以维持的最高功率。由于公路比赛的结果通常是由 5 分钟以内的短时行为决定的，因此知道这个范围内的峰值功率可以帮你回答上面的问题。

下面举个例子。你正在爬坡，还有大约 5 分钟到顶。你所处的小集团已经稳定骑行了 10 分钟，当前的功率为 290 瓦，接近功能阈值功率（FTP），因此比较容易维持。然而，你意识到队伍中有几个人呼吸很重，如果接下来提高一点儿节奏，他们可能掉队。不过，似乎没人愿意掉队。最后，你决定提高节奏，缩小队伍的人数。到底应该如何做呢，需要多用力呢？假设你知道自己的 5 分钟峰值功率（P5）为 360 瓦。不过此时比赛已经进行了 1 小时，你的双腿多少有些累，因此目前估计无法维持 360 瓦 5 分钟。最后你决定增加 40 瓦到 330 瓦，这样你能给自己留出一些余地，谨防其他人功率更高。开始行动！

这个思考过程只需几秒。了解自己的能力、相应的功率数据，你就可以更聪明地比赛了。车把上的表头可以帮你做出判断。当然，你必须使用功率分析软件分析训练和比赛数据。分析的结果可以让你取得更好的比赛成绩。下面我们来了解更多的好处。

公路赛中的节奏控制和体力保存

公路车手很少会讨论节奏，也许在讨论计时赛时会偶尔提到，但绝对不是大组赛和绕圈赛的话题。似乎没人会认为后面这两种比赛形式和强度管理有任何关系。

你参加过的比赛中，有多少场是从一开始大家就像离弦之箭一样冲出去呢？这个现象应该非常普遍，我相信你也经历多次了。你甚至可能就是在最前面带速度的车手之一。如果一支车队这样做，可能是有它的理由的。也许他们的战略就是给其他车队和车手造成压力。但我估计，更常见的原因是由于被压制的情绪和肾上腺素混合的作用。如果是这种情况，那么这种出发的方式对成绩毫无益处，只会浪费能量，造成早期的酸液水平飙高。

随着车手经验的增加，超快速启动的情况会减少。Pro、Ⅰ、Ⅱ级的比赛很少会看到比赛一开始大家就冲出去，但是Ⅳ级别的比赛则很常见。有经验的车手懂得保存体力的重要性，能量是比赛的必备品。比赛开始的头 2 分钟获得不了任何优势，反而可能损失更多。你无法控制其他人的速度，但你又不能让他们跑掉，这时你可以跟在他们后面，而不要当兔子。

如果你想要站上领奖台，或者提高比赛成绩，那么关键就是尽量少输出功率。一场比赛的最终标准化功率（NP）应该尽量接近于 0 而同时保证比赛进行。高强度的训练需要功率计显示数值大的数字，才能提高体能。但在比赛中，数字越小越好。公路比赛就是要保存体能。这就叫作节奏。聪明比赛，不要傻卖命。

图 8.1 展示了一名公路车手是如何聪明比赛的。在踏频分布图中，左侧的 0 踏频，也就是滑行的时间几乎占了整场比赛的 12%。图 8.2 是他在同一场比赛的功率分布图。注意到，超过 40% 的比赛都在 1 区。不直接与风对抗和滑行都能降低输出的功率，同时保存了体力，可以将体力更多地用于爬坡、进攻和终点冲刺。这样自然能够登上领奖台。这个技能可以在集体骑行和低级比赛中学习。在强化期，这是训练耐心和控制力的最好机会。

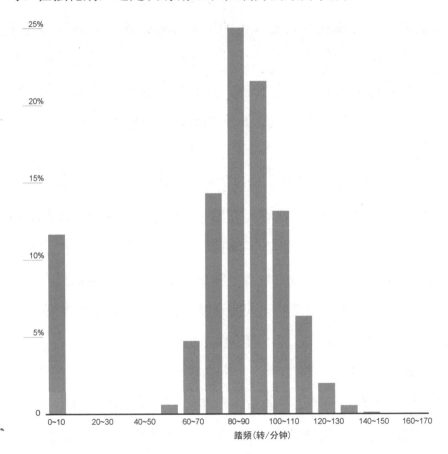

图 8.1　一名公路车手某场公路比赛的踏频分布图，其中滑行时间占了几乎 12%

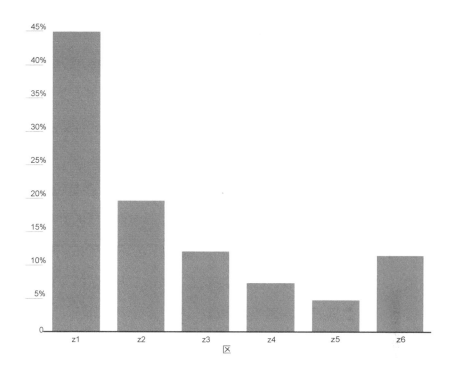

图8.2　同一名车手同场公路比赛的功率分布图，1区占了40%

计时赛中的节奏控制和体力保存

在计时赛中，节奏控制至关重要。但是和公路大组赛一样，缺乏经验的车手总会开始得太快，尝试尽可能地保持世界纪录的速度。而往往比赛进行不到一半，他们的速度就会大大下降。到了比赛的最后1/4，通常就只能坐在车上盼望比赛早点结束了。过度热情和缺少计划，会造成每次的比赛成绩都不理想。他们应该尽快学会如何控制节奏。而有了功率计，就很容易实现了。

对于计时赛，基本的节奏控制战略已经被车手们使用了多年：如果速度慢，就用力骑；如果速度快，就轻松骑。这基本上符合

第 5 章（表 5.2）讲到的 50—40—30—20—10 的原则。如果速度慢（上坡），大约 10 千米/小时，需非常用力。但是多用力？回到第 5 章，重新阅读如何在稳态比赛中遇到爬坡时控制火柴的使用（表 5.3）。如果速度快，下坡超过 50 千米/小时，应轻松踩踏或者俯身滑行，以保存体力。

计时赛的最终目标是用最短的时间完成比赛。也就是说，刚开始以高功率将速度提高到比赛速度后，立即按照计划的功率继续后面的比赛。如果节奏控制得正确，通过终点线时应该正好把体内的燃料用尽。计时赛中节奏控制得好不好，最方便的了解方法就是赛后分析数据时，查看变化指数（VI）。如果其不超过 1.05，说明节奏控制得非常好；如果超过 1.05，则还需要继续练习。

当然，VI 级别的公路比赛和绕圈赛的这个系数会很高，而且不能准确反映比赛中节奏的控制。那么这个任务就落在了燃烧火柴上面。我们接下来就复习一下。

正确的比赛节奏归结为情绪控制和耐心。训练时这些都不难，最大的挑战就是比赛的时候。参加的比赛越多，控制能力就越好。在智慧比赛成为第二天性之前，开赛前你必须时刻提醒自己要节省体力。

关键训练内容

所谓"关键训练内容"，就是每周训练中那些重要的、对进入比赛状态最有帮助的训练。每个训练都是特殊而有针对性的强度和时长的组合。一般来说，关键训练的时长缩短，强度就会增加。例如，功率 2 区骑行可以持续几小时，而 7 区点燃火柴每根只有几秒的时间。你要参加的比赛类型，以及一些具体的需求是关键训练内容的主要决定因素。

赛季初期，也就是基础期，无论是公路大组赛还是计时赛，关键训练内容都是相同的。其目的就是提高整体能力。基础期的关键训练主要是为了提高有氧耐力和肌肉耐力。（速度技能和肌肉力量能力是这段时间的第二重点。）这种训练的组合应该能够在基础期结束以前提升 FTP 两次或以上。详情见第 6 章。

在比赛前的最后 12 周左右，训练的重点转换到针对比赛的内容，也就是让自己变得更快。这个时候的关键训练越来越类似于目标比赛。公路车手将重点放在无氧耐力方面，而计时赛车手则要将肌肉耐力提升到一个更高的水平。

在强化期，每周至少有一次训练的 TSS 接近比赛水平。如果你有去年比赛的功率数据，就能更容易确定 TSS 值。如果没有，可以问问有功率计且去年参加了这场比赛的朋友愿不愿意分享一下数据。如果还是不行，那就找一些距离和地形接近这个比赛的其他赛事活动的数据，结合学到的功率知识，来估计比赛的 TSS。这样就可以进行模拟训练了。

模拟比赛的训练，其目的就是适应比赛的 TSS，让身体充分做好准备。复习一下，TSS 是时长和强度的结合，其中强度的权重稍大一些。对于这个类似比赛的训练内容，强化期初期，TSS 主要是以时长为基准，随着训练的进行，逐渐转化到侧重强度。训练内容可能保持不变，但是进行的方式会多种多样。我们来看一个例子。

假设目标比赛为一场公路大组赛，去年花了 2 小时 3 分钟完成。那天比赛前花了 30 分钟热身，因此，整个比赛用时为 2.5 小时。这个比赛属于爬坡赛段，其中几个坡决定了最终谁能登上领奖台。去年，在最后一个爬坡，3 名车手突围出去，而你在一个追逐团队中。终点冲刺你的排名是小组第 2，总排名第 5，比第 1 名晚了 1 分钟。今年的目标是登上领奖台。如果你的体能很强，其他一切也正常，应该可以夺得冠军。

查看去年的功率数据，你发现自己比赛的 TSS 为 152，强度因子（IF）为 0.863（IF 见第 5 章）。包括热身在内，当天总的 TSS 为 177。你的 FTP 为 290 瓦，比赛的标准化功率（NP）为 250 瓦（290×0.863）。你一共点燃了 17 根火柴，最长的是 75 秒，平均时长为 30 秒。火柴的平均强度为 369 瓦（FTP 的 127%）。当天最大的火柴是 475 瓦（FTP 的 164%），维持了 28 秒。现在你已经非常清楚去年的比赛情况，今年可以做出更准确的预测。你也知道训练该如何进行。

强化期，你每周进行一次模拟训练，让训练的数据达到或者超过去年的数据。你参加的俱乐部每周六组织的 2 小时骑行活动，正好适合进行这个关键训练。强化期刚开始的那几次骑行，每次把骑车到俱乐部集合的这 30 分钟用来热身。第一次骑行，可能会在队伍前面带一带，但大部分时间是在队伍中，适应快速移动的队伍所带来的强度。活动结束后，算上热身，码表显示 TSS 为 132，IF 为 0.727。你的周骑行目标是 TSS 超过 177（去年比赛和热身综合的 TSS），希望 IF 超过 0.800。因此结束后，自己又骑了 45 分钟的无氧耐力间歇。最终，这 3 小时 15 分钟骑行的 TSS 为 186，IF 为 0.757。这是个很好的开始。

接下来的几周，每个周六的集体骑行增加一点儿强度，重点放在爬坡上，最后进行接近比赛强度的间歇训练，当天训练结束。随着 IF 的增加，即使总训练时长变短，但是周 TSS 保持不变，基本都在 177 以上。也就是说，骑行训练越来越接近真实比赛。在强化期末期，基本上就达到比赛的难度了。

在强化期内做的就是将关键训练 TSS 的来源从时长转变成强度，而这个强度是专门模拟比赛的。另外，在最后的 12 周内，你还参加了一些低级比赛，检验训练的进度，同时也为主要比赛做好思想上的准备。到了比赛当天就可以发力了。

无论你要参加的比赛是哪种类型，了解模拟比赛需求的概念——TSS 和 IF——能够帮你提高达成目标的概率。

无氧耐力训练

在第 5 章中，我讲过在公路大组赛和绕圈赛等赛事中点燃火柴的问题。这可以说是此类赛事的重点。比赛的结果往往都是由短时间高功率的行动决定的。火柴燃烧的问题在训练能力中属于无氧耐力训练，同时也是强化期的另一种关键训练内容。这种训练不仅能够提高无氧耐力，还能够提升有氧能力（VO_2max）。简单地说，就是由一个更大的发动机来驱动自行车。

由于能够提高有氧能力，我建议计时车手也进行一些无氧耐力训练。大多数功率车手既参加公路大组赛，也参加计时赛，尽管可能不会将后者作为目标赛事，但是二者在训练内容上还是有很多相似的内容的。唯一的区别就是训练内容的侧重点不同。为公路大组赛进行训练的车手在强化期也会进行肌肉耐力训练，只不过不像计时车手那么多，而计时车手也会进行无氧耐力训练，同样没有大组赛车手那么多。

为了在公路大组赛中取得好成绩，车手必须能够经常进入无氧状态，并迅速恢复。在强化期，如果你的目标比赛是一场公路大组赛或绕圈赛，那么燃烧火柴的训练应该占较大的比例。这些是主要的关键训练内容，将在下面的"公路大组赛的强化期"部分讲解。

无氧耐力训练的例子见附录A。

肌肉耐力训练

肌肉耐力训练的目的是提高在乳酸阈值附近长时间保持一定强度骑行的能力。乳酸阈值（LT）基本等于功能阈值功率（FTP）。

肌肉耐力是最基本的高级能力。对于公路车手来说，肌肉耐力强就意味着在快速骑行的队伍中能够舒适跟随，而且还有大量能量储备，必要时能够加速并发动进攻。肌肉耐力也是公路赛中长时间一个人突围所需的能力。这种训练对于公路车手是第二重要的内容。对于计时专项车手，肌肉耐力是强化期内为比赛做准备的核心训练内容。

强化期关键的模拟赛训练，公路车手的重点是无氧耐力，而计时车手是肌肉耐力。如果你专攻计时赛，那么这项训练内容必须放在接近 FTP 的长间歇中。1 小时左右的计时赛，强度基本为 FTP。更短时间的比赛则要求更大的 IF。时长超过 1 小时的比赛，强度低于 FTP。当然，你也应该知道，尽管这种计时赛的平均 IF 可能等于或小于 FTP 的水平（IF≤1.0），但是比赛中有时候还是会超过 FTP 的水平。这就又回到了 50—40—30—20—10 原则。

再次强调，肌肉耐力训练是计时车手和公路车手都要进行的训练，区别就是强化期每周的训练量不同。

次要训练

所谓次要训练是那些重要性次于关键训练内容的训练。如果查看表 8.2 和表 8.5，你会看到我前面讲到的一些训练，包括速度技能（表 8.2）、有氧耐力和冲刺能力（表 8.5）训练。注意，有氧耐力在基础期初期是关键训练。之后，这项能力的训练进入维持状态。因为在基础期末期和强化期它被列为次要训练内容。

作为次要训练内容，这些训练可以省略，或者进行调整，以满足实际需求。例如，你的周训练日程由于其他事情（工作、家庭或天气原因）必须调整，那么就可以省略这类训练。关键训练内容永远具有更高的优先权。

当然，也可能被我列为次要训练的内容对你来说是训练重点。假设你是个冲刺车手，那么冲刺能力的训练就成为了你的关键训练内容。或者，也许你的速度技能或有氧耐力比较弱，需要提升，此时它们就也具有了优先权。

我们无法给所有人制订出一套通用的训练计划来，你必须根据自己的时间和重点来安排。请把书中的训练内容当作建议。更多信息可以阅读《公路车圣经：骑行训练完全手册（第 4 版）》[*The Cyclist's Training Bible (4Th Edition)*]。

恢复训练

周期性恢复是保证训练质量的关键所在。对于有经验的车手，恢复是指进行短距离的轻松踩踏；而新手则更建议完全不碰车。

有经验的车手一个常犯的错误就是恢复骑行太少，关键训练太多。这个错误最终会导致一定程度的崩溃。无论是身体或思想，很快就会发出"受够了"的信号，迫使你坐在沙发上待很长一段时间。

与其被疲倦打败，还不如在训练日程中加入一些积极恢复单元。不要认为这是浪费时间。对于高阶运动员来说，疲劳时在 1 区骑行是一个非常好的恢复身体的方法，同时还能强化高踏频踩踏动作，甚至可以考虑在恢复骑行中进行速度技能训练，因为这些训练通常对身体的压力较小（具体训练见附录 A）。然而，恢复骑行必须真正轻松。每次恢复骑行的标准化功率（NP）应该在 FTP 的 50% 左右。

设置恢复日的目的，是让身体适应之前训练的压力，从而变得更加强壮。如果之前的关键训练 TSS 很高，身体还需要时间来补充糖原。这些都需要时间，不能着急。你的身体不会去考虑下一场比赛是什么时候或者你是多么渴望自己变强，它需要恢复。

很多车手犯的最大错误就是在进行恢复骑行时，强度因子（IF）超过 1 区，他们认为这样会具有健身的功能。其实并没有，这样只会延长疲劳感并降低接下来的训练效果。当本该在 1 区的骑行变成了 2 区甚至 3 区骑行，残留的疲劳感会持续到后面的训练，最终导致失去训练热情和效果，比赛成绩下滑。关键训练强度越高，恢复骑行应该越轻松。

我多年来带过的车手，他们的周平均 IF 通常一直在 0.70 左右，基本在 2 区中间，不算太高。这需要每周的关键训练和恢复训练达到一定的平衡。在基础期，需要进行大量中等强度的骑行来提高整体体能，然后通过轻松的恢复骑行维持平衡。最终 IF 在 0.70 左右。如果你在强化期经历了一次非常困难的骑行，TSS 非常高，那么需要通过非常轻松的骑行，甚至是完全休息一天（TSS=0）来维持平衡，目的同样是让 IF 维持在 0.70 上下。如果周平均 IF 持续大于这个值，比如达到 0.80 甚至更大，就很容易造成训练过度。这时需要多恢复或者查看 FTP 是不是设置过低。如果周 IF 持续偏小，例如 0.60 或更小，有可能训练不足，或 FTP 设置过高。

为公路赛和计时赛做准备

第 6 章介绍了训练的周期化的概念，并讲到基础期的训练重点应该是整体体能，之后的强化期再将重心转到提高速度上，针对目标比赛进行训练。现在你已经对功率训练的复杂性有了更深入的认识，我们该切入正题了——为比赛做准备。不过，我们主要是复习一下周期化概念，着重强调功率训练的细节。想要了解更多信息，可以阅读我的《公路车圣经：骑行训练完全手册（第 4 版）》[The Cyclist's Training Bible(4Th Edition)]。

在继续讨论之前，我默认你是一名高阶运动员。接下来的内容不适合新手。这里说的新手，指的是正式进行自行车训练一年以内的车手。到了第二年，运动员通常能够保证至少之前的 3 个月内每周骑行 10 小时以上，这样到第三年后，就可以看作是高阶运动员了。进行正规训练的时间越短，对于我将要讲解的内容，行动起来应该越保守、越谨慎。

如果你是名新手，训练的重点应该放在有氧耐力上。这种能力在第 6 章中有详细讲解，同时还讲到了测量这种能力的功率工具。下文提到的肌肉耐力训练应该更保守地进行。新手应该加入很多速度能力训练，可能还有少量的肌肉力量训练（详见附录 A）。作为新手，在进行肌肉力量训练时要特别小心，这些训练可以增加产生功率的力量（见第 1 章，功率是力和踏频的产物），但是对关节，特别是膝关节的压力非常大。一旦关节出现不适立即停止训练。如果你的膝关节比较容易出现问题，可能是某个训练的强度超过了身体的承受范围，或者一段时间的训练压力太大，也可能你需要进行 bike fit。

我们下面主要讲一下强度，而不是量。每个运动员的训练量差别很大。训练的目的不是通过时间来获得 TSS。骑了多久并不重要，重要的是如何骑，如何达到一定强度。作为公路车手，训练应该是强度第一，时长第二，周训练量第三（但占比很少）。强度加上一部分时长因素要比周训练量更能决定比赛的成败。下面针对比赛的训练，只会简短提到训练时长，而几乎不提到训练量的问题。

在高强度训练之前进行热身是必须的。强度越高，热身的时间应该越长。如果是 2 区的有氧耐力骑行，则几乎不需要特别热身，10 分钟左右通常就足够了。但是 5 区的无氧耐力间歇训练，需要更长时间的热身，通常可能需要 20～30 分钟，而且强度逐渐增加。

所有相关的训练根据周期化被分成两个部分：适合所有车手的基础期，以及分别适合公路车手和计时车手的强化期。

基础期（适合所有比赛）

对于公路大组和计时车手，在基础期我推荐同类的训练内容。提升身体整体的能力，作为基础期的目标，适用于所有项目。基础期的训练见表 8.1，其中的内容是按照训练能力来分类的，括号中为具体训练的名称。

表 8.1　高阶公路车手和计时车手的基础期训练

时期	关键训练	次要训练
基础期初期（6～8 周）	有氧耐力（有氧阈值） 肌肉力量（力量重复）	速度技能（强化）
基础期末期（4～6 周）	肌肉耐力（甜区）	有氧耐力（有氧阈值） 冲刺能力（变速）

注：详情见附录 A。

在基础期初期，高阶运动员的大多数常见需求是重新打造有氧耐力。这个能力在过渡期，特别是完成前一个赛季之后，可能已经严重下滑。如果过渡期出现在赛季中，第一个重要比赛之后的辛苦训练结束时，那么可能不需要这个所谓的基础期初期的阶段，因为此时的有氧耐力还没有大幅下降。在基础期末期或强化期，将这项能力作为次要训练内容，更能够满足这种情况的需求。

有氧耐力骑行的时长，对于高阶车手来说一般是 2～3 小时。但如果是维持模式，那么时间减半。查看附录 A，热身之后，在心率低 2 区稳定骑行（使用附录 B 的心率区间系统，确保强度正确）。之后分析训练数据，特别注意 2 区部分的解耦和效率系数（详情见第 6 章）。你需要知道，功率对于这个区间的心率做何反应。

这个有氧阈值训练是赛季中唯一一个用心率来判断强度的训练。之所以用心率是因为某些研究显示，当我们感到疲劳时，心率会下降。如果使用功率作为稳态骑行的强度检测手段，那么这个下降会发出一个错误信息，让你认为自己的体能提升了。功率是不会因为疲劳而升高的。

在这个训练中，如果功率明显下降而心率保持不变，应该怎么做？这就是解耦（见第 6 章），说明你的有氧耐力还不够；或者可能当天的状态不好，这种情况谁都可能遇到；或者骑行前可能摄入太多咖啡因，导致心率升高。任何影响心率的因素都会导致出现这种情况。训练并不是个完美的世界。就算出现了明显的解耦，仍然要埋头苦练，对身体并没有什么损伤，而且仍然能够获得一定的训练收益。

在这样的稳定骑行中，可能会遇到红灯、堵车、爆胎等各种干扰因素。如果遇到，应该尽快回到 2 区继续骑行。几周后，如果训练的环境和条件没有太大变化，通过比较这段时间的解耦和效率系数来监督有氧耐力的训练进展，这些小的变化可以忽略不计。

由于 TSS 值不会很高，因此速度技能训练可以融合到其他训练当中：可以加到任何骑行中，例如热身或放松过程中。

对于高阶车手，基础期初期强度最高的关键训练是肌肉力量。由于该训练受伤的风险很高，因此每周只进行一次。同样，第一次进行时，冲刺的次数要少。在接下来的几周，逐渐增加次数，让身体适应。记住要采取保守、谨慎的原则，因为这个训练风险很高。

你可能需要 6～8 周来让肌肉力量达到一个比较好的程度。一个说明你可以进入下一阶段的标志事件是，这个训练的 6 秒的峰值功率（P0.1）趋于稳定。如果出现这种情况，说明你可以把肌肉力量训练换成肌肉耐力训练了。

基础期末期的肌肉耐力训练非常简单，只需要进行 2 次 20 分钟的间歇训练，强度在 FTP 的 88%～93%，中间 5 分钟恢复。这是功率高 3 区到低 4 区的一段区间，安德鲁博士称之为"甜区"。这是提高 FTP 的一个非常有效的训练。

对于高阶车手，基础期初期和末期的周训练安排很像表 8.2 和表 8.3 的内容。当然这只是两个举例，安排训练的方式有很多。

表 8.2　高阶公路大组和计时车手基础期初期的周训练安排建议

日期	训练
周一	（休息日）
周二	有氧耐力
周三	恢复（1区）
周四	肌肉力量+速度技能
周五	恢复（1区）
周六	有氧耐力
周日	肌肉力量+速度技能

注：详情见附录 A。

表 8.3　高阶公路大组和计时车手基础期末期的周训练安排建议

日期	训练
周一	（休息日）
周二	有氧耐力
周三	肌肉耐力
周四	恢复（1区）
周五	冲刺能力+有氧耐力
周六	恢复（1区）
周日	肌肉耐力

注：详情见附录 A。

公路大组赛的强化期

由于大多数公路车手既会参加大组赛，也会参加计时赛，尽管强化期的训练侧重点不同，但是关键和次要训练内容还是相同的。表 8.4 列出了这些训练内容。

表 8.4　高阶公路大组和计时车手强化期的关键训练内容

时期	关键训练	次要训练
强化期 （8~9 周）	肌肉耐力（巡航间歇） 无氧耐力（快速集体骑行、VO₂max 间歇、火柴燃烧间歇），冲刺能力（变速、爬坡冲刺）	有氧耐力（有氧节奏） 冲刺能力（变速、爬坡冲刺）

注：详情见附录 A。

作为公路车手，强化期最重要的训练目标是增加可以燃烧的火柴数量和可以燃烧的时长，以及火柴的峰值功率。之前在"关键训练"部分讲过，这种训练应该从回顾以前的比赛数据，特别是目前瞄准的最重要的比赛开始，查看点燃的火柴（第 5 章的"如何在 WKO+软件中设置火柴？"教你使用 WKO+软件实现这个功能的方法）。你可以自定义自己的火柴。通常我是将超过 6 区（表 4.1）、公路大组赛超过 20 秒、绕圈赛超过 10 秒的骑行算作火柴。你可以有不同的定义，例如 1 分钟以上的 6 区或更高。总之，找到自己去年的火柴。有了这些信息，现在可以根据比赛需求来安排训练，为自己准备更多、更长、更大的火柴。

你可能还需要继续强化肌肉耐力。这个能力到了基础期末期应该已经很强，可以看到在比赛前的 12 周 FTP 会提高。现在，如果你按照附录 A 的介绍进行巡航间歇训练，那么由于这些训练强度更高，FTP 可能还会提升。

在强化期，还应该每周进行一次有氧耐力训练，以保持有氧耐力。表 8.5 中建议周日进行，也就是关键训练的第二天。通常，车手到了这个时候，体能已经足够，这样叠加并不是什么问题。只要周一安排一天休息，训练负荷还是可以控制的。但如果感觉周日 2 区骑行也很疲倦，那可能需要重新安排一下日程，保证身体恢复。

表 8.5　高阶公路大组车手强化期的周能力训练安排建议

日期	训练
周一	（休息日）
周二	无氧耐力
周三	恢复（1 区）
周四	肌肉耐力+冲刺能力
周五	恢复（1 区）
周六	节奏模拟+无氧耐力
星期日	有氧耐力

注：详情见附录 A。

计时强化期

表 8.4 中列出了高阶公路大组和计时车手强化期的关键训练内容。虽然训练内容的类别相似，但是侧重点不同。如果计时赛是你的目标，

那么侧重点应该放在肌肉耐力上。这是核心能力。另一个主要能力为无氧耐力，但是训练类型与公路大组赛车手完全不同。除非你还要参加重要的公路大组赛，否则不必太担心燃烧火柴的事情。对于无氧耐力训练，重点是强化有氧能力（VO₂max），从而提高计时赛的成绩。

强化期训练的次重要能力是有氧耐力和冲刺能力。有氧耐力训练的目的是维持之前训练的效果。每周一次 2 区长距离骑行就足够了。除非你还要参加公路大组赛，否则可以忽略冲刺能力训练内容。这是个可选训练，可以根据需要安排。

表 8.6 是为计时车手提供的强化期的周训练计划。最重要的训练安排在了周二和周六。周六的模拟赛最好也找一条跟比赛赛道类似的路线。训练要求按照比赛的强度因子（IF）做间歇训练，增加间歇的时长或缩短恢复的时间。注意应用 50—40—30—20—10 原则和稳态比赛爬坡骑行的火柴燃烧原则（详情见第 5 章）。

表 8.6　高阶计时车手强化期的周能力训练安排建议

日期	训练
周一	（休息日）
周二	肌肉耐力
周三	恢复（1 区）
周四	无氧耐力（+冲刺能力）
周五	恢复（1 区）
周六	节奏模拟+有氧耐力
周日	有氧耐力（恢复）

注：详情见附录 A。

周六骑行每小时的 TSS 为 55～60，这样骑行 2 小时左右。这样的话，我建议间歇训练之后加入稳定的有氧耐力训练，把总 TSS 提高到 150 左右。周日就要进行恢复骑行。但如果周六间歇训练之后没有其他训练内容，那么周日应该安排一次长时间的功率 2 区稳定有氧节奏骑行，使当天的 TSS 达到 150。

公路大组赛和计时赛达到巅峰状态

重要比赛前的最后 2～3 周内就要让身体逐渐进入比赛状态了。你可以对训练负荷做一些调整。第 7 章中解释了长期训练负荷、短期训练负荷和训练负荷平衡 3 个概念。现在可以复习一下，并重新阅读"功率与周期化"部分，回忆什么叫"进入比赛状态"。

巅峰期，也就是比赛前的 2～3 周的目的就是降低疲劳（ATL），提高状态（TSB）。一般这段时间应逐渐降低每天和每周的 TSS。你应该还记得，降低训练的 TSS，主要是缩短训练的时长（不是强度），这样会损失一定的体能，但疲劳感大幅减轻。最终结果是 TSB 提高。使用 WKO+软件或 trainingpeaks.com，可以管理并预测比赛日的 TSB。

你在比赛日追求的就是，我称之为"强势状态"。也就是说，体能（CTL）在这两三周内下降 10%以内，TSB 提高到+1～+25。"不佳状态"指 TSB 在可接受范围内，也可能过高，CTL 下降超过 10%。第 7 章中，我讲过如何通过预设未来 2～3 周每天的 TSS，来管理和预测比赛日的 CTL 和 TSB。如果成绩管理图显示的比赛日 CTL 和 TSB 并不是你想要的那样，只需要调整 TSS 值，直到 CTL 和 TSB 都正确。

我发现这段时期一个很好的安排是每 3 天进行一次比赛模拟训练。IF 必须要接近比赛的值。训练内容必须非常难，但是时长更短，也就是说 TSS 和周累计 TSS 在巅峰期逐渐下降。

在这些类似比赛的关键训练期间，穿插进行恢复骑行。一定要保持在 1 区，而且随着巅峰期的推进，时长越来越短。将每天的 TSS 输入 WKO+ 或 trainingpeaks.com 日历中，为比赛日制订出一套可靠的计划。然后，按照计划进行，保证获得必要的 TSS 值。这个工作过去都是用猜的，如今我们可以通过功率计和分析软件来精确计算。

自行车比赛是一种复杂的运动，其艺术性大于科学性。准备比赛，首先要有足够的体能，然后转化并加强专项能力，让自己变快。这一切都与比赛日的安排密不可分。过去，在如何在比赛日让身体达到巅峰状态方面车手主要靠猜，特别是主要训练的强度安排。如今，只要车上有功率计，电脑里有分析软件，一切都能解决了。车手准备比赛的方法更加科学，也更加精准。

第 9 章

铁人三项运动的功率

Gordo Byrn，铁人三项教练，前职业铁人三项运动员，主攻 Ironman 赛。他曾经给我讲过 2000 年前后那段快乐的日子。当时比赛中只有他一个人使用功率计，其他人都在估计骑行项目的强度时，Gordo 只需要按照训练时的功率数字保持骑行就可以了。比赛的成绩自然不错，在加拿大 Ironman 赛中创造了 8 小时 29 分的个人最佳成绩，并获得夏威夷 Ultraman 赛的冠军。

虽然你可能不如职业车手那么快，或者不会参加那么高级的比赛，但我仍然可以保证，比赛和训练中使用功率计可以帮你取得更好的成绩。只使用心率计进行比赛和训练有明显的缺点。在本章中，我将告诉你如何在铁人三项中使用功率计。

重点

到目前为止，你已经读到很多使用功率计训练的方法。但对于铁人三项比赛的训练，不是所有的都是必要的。这里，我想强调一下最重要的几点，并介绍一些和铁人三项有关的话题，让你的功率计为了你能在比赛中取得更好的成绩而发挥最大功能。

训练时间

作为一名铁人三项运动员，也许需要面对的最大挑战就是如何充分利用有限的骑行训练时间了。每周可以用来训练的时间越少，挑战就越大——功率计就越重要。

新手通常每天进行一项训练，一周内进行两次游泳训练，两次骑行训练和两次跑步训练。训练并不算多，但是在这个水平上，仍然可以进步。然而，一套稳定的 6 周训练对于更高阶的铁人三项运动员来说，可能效果不大。在一周 7 天内，每个运动项目两次训练，体能和比赛状况会很快下降。随着比赛水平的提高，训练量也要相应提高，才能保证相应的体能。因为比赛的距离也会更长。Ironman 比赛对于训练的要求远远高于短距离铁人三项比赛。

即使你有非常充裕的时间，三合一的比赛内容也意味着必须把时间合理分配好，才能让比赛状态达到最佳。那么，每项运动应该投入多少训练时间呢？一个最简单的原则就是根据比赛中 3 个项目所占的时间比例来分配训练时间。那么，对于大多数铁人三项运动员来说，一般 3 个项目的比例是，游泳 15%，骑行 50%，跑步 35%。每个人的比赛可能略有差异，但刚开始可以按照这个比例来分配训练时间，然后根据自己的强弱项进行调整。举个例子，如果你骑车很强，跑步的提升空间很大，那么可以把自行车训练的一部分时间分给跑步。

比赛中，自行车项目仍然会占据大约 50%的总时间，因此，骑行仍然应该是投入训练时间最多的项目。我只见过很少的一些运动员，他们的自行车项目很强，而其他项目非常差，因此自行车的训练时间非常少。这是种罕见的情况。一般人还是应该多骑车，这样使用功率计的地方也就更多，并能够相当程度上决定比赛当天的表现。

节奏控制与强度因子

如果自行车项目是铁人三项比赛成功的关键，那么想要取得好成绩的办法就是让骑行变强、变快，并在比赛中有所收敛，为跑步留下两条清爽的双腿。我要特别强调最后一点：在自行车项目中必须学会保存体力！如果骑行之后已经精疲力尽，那跑步成绩就会非常差，如果还能称之为"跑步"的话（估计说走更合适）。那么在骑行中领先的时间，会因为过度的疲劳而全部丧失，甚至更糟。

按照合适的强度因子（IF，见第 5 章）控制骑行节奏是取得良好完赛成绩的关键。如果节奏控制得不好，比赛成绩就不会好。

游泳项目可能或者经常刚开始就会出现冲刺的情况，可能持续几分钟。这是因为游得快的人会争取到优势。当跑步开始后，疲劳成为事实，通常一开始不会出现跑太快的情况。那么关键都在中间的自行车项目中。节奏必须控制好。再次强调，一定要保存体力，特别是刚开始。我见过一些Ironman运动员在180千米的自行车项目中，前40千米骑出了最佳个人成绩。你知道然后发生了什么吗？剩余的比赛就是一个字：慢！而且还带着痛苦通过终点。

作为一名铁人三项运动员，说到节奏，必须有严格的原则，而且必须融入平时的训练当中。强化期的每一个关键训练都应该按照比赛的强度因子进行节奏控制，以保证整个训练的效果。例如，第一组第一次间歇训练，一定要控制住自己的情绪，不要骑太猛。保存体力到最后一次间歇训练，并让最后一次达到最好成绩。

在模拟比赛的强度因子时，为了让后1/4赛段强势完赛，前1/4赛段的强度因子应该略低。比赛中控制节奏应该成为习惯，让控制输出成为你的潜意识。我会把这个思想灌输给每个学员。尽管这对于比赛的成败非常关键，但是自己训练的铁人三项运动员很少会去重视。如何使用功率计控制强度因子和节奏已经在第5章中讲过。

聪明的节奏控制策略就是要努力让变化指数（VI）保持较低的值。这也在第5章讲过了。铁人三项比赛，VI应该不大于1.05。VI过大说明节奏控制得不好，浪费了很多体能。比赛后检查VI，整场比赛都应该保持节奏，而不只是开始的几分钟。这样，比赛的总成绩才能更好。

在第5章中，我还讲到了50—40—30—20—10原则，表5.3告诉你上坡时如何通过调整功率来控制火柴的点燃。这两个节奏控制战略同样需要在训练中演练。如果平时不练习，比赛中肯定也用不好。

归根结底，铁人三项比赛成功的关键就是按照合适的强度因子进行稳定的受控的自行车骑行。这一点做好，比赛成绩一定不差。

使用功率计比赛

功率计是个多么神奇的工具啊，比赛时一定要带上它！它能帮你合理控制自行车项目的节奏，收集的数据能告诉你如何提高自己。如果你只在训练中使用，比赛时从来不用，其也无法发挥最大作用。

不幸的是，很多铁人三项运动员比赛中从不使用功率计。例如，PowerTap 系统为后花鼓功率计，因此大多数铁人三项运动员都有一个 PowerTap 功率计训练后轮，但是比赛当天他们会换一个更轻更快的后轮。也就是说比赛的时候并没有功率数据。结果是，这些运动员无法控制强度或分析数据，也就不知道以后如何更有效地提高。

解决这个问题的一种办法就是拥有两个 PowerTap 后轮——一个训练，另一个比赛。没错，你会说，太贵了，不能算是个好主意。一个更好的解决办法就是买一个好的 PowerTap 功率后轮，训练和比赛都用它。（我推荐开口圈车轮，价格便宜，修补容易，与管胎的使用差别很小。）如今的车轮都非常轻，而且很耐用。一只好的双用途车轮可以用上好几年，即使你骑得很多也不怕。我的队员中很多人每年训练里程超过 16 000 千米，一对车轮用上几年一点问题都没有，而且，3～5 年内你肯定会想要新车轮，技术总是越发展越先进。再者从心理上来说，比起一对一直挂在库房里的车轮，我们更愿意换掉一对用了很久的车轮。因此，如果你要使用 PowerTap 产品，选一个好后轮，这样训练和比赛都可以用。

车辆选择

铁人三项运动员有两辆自行车是很寻常的事情：一辆铁三自行车和一辆公路自行车。铁三自行车适合纯平路或小起伏路，如果比赛中爬坡较多，公路自行车加气动把是个不错的主意。

变换自行车通常意味着功率的变化。你会发现骑铁三车的 FTP 略低于骑公路车的 FTP。这主要是姿势的差异引起的。气动姿势幅度越大（主要是上身更低），能够产生的功率就越小。这听起来不算好，是个需要权衡的事情。骑铁三车时，应放弃几瓦的功率输出以大大降低风阻，让平路可以实现更高的速度。公路车更适合爬坡，因为这时风阻通常不是什么问题，而重力的影响更大。上身坐直，身体靠后，可以在向下踩踏时更早发力，从而产生更大的功率，爬坡更快。

说了这么多，重点是，使用的车型差异，导致 FTP 不同，必须设定两套训练区间。如果预计要使用公路车比赛，在基础期应该查看自己的 FTP，如果与铁三车的 FTP 差别小于 3%，则无需调整训练区间，因为还不足以产生什么影响；如果大于 3%，则需要对不同的车型设定不同的训练区间。

通常，每年要进行一次 bike fit，当车辆的设定发生变化，FTP

也会随之变化。如果调整幅度比较大，无论是变得更激进还是更休闲，都应该重新测试，重新确认训练区间。一定要立即测试，不要等到下次比赛前。

关键训练内容

铁人三项的关键训练内容自然是那些对比赛影响最大的训练。这些训练是强度和时长的特殊组合。一般来说，训练时长越短，强度越大。功率 2 区骑行可能要持续几小时，而 6 区间歇训练每次只有几分钟。目标比赛才是关键训练内容的主要决定因素。

3 个运动项目，如此多的训练要做，最终你可能发现自己每周只能安排 1～3 个关键自行车训练内容。具体数量还要看一些影响因素，例如你的身体素质如何，恢复情况，训练阶段，相比游泳和跑步骑行的能力如何，以及可以训练的时间有多少等。每周能够进行的关键自行车训练越少，在基础期则越应该侧重有氧耐力和肌肉耐力，强化期再专注类似比赛的训练内容。

如果每周只能安排 1～2 个自行车的关键训练内容，那么"综合"训练则是一个可以提高时间效率的方法。这种训练将两个以上的训练目的融进一个训练当中。这样的训练通常在强化期进行。组合的方式很多。例如，可以将肌肉耐力间歇训练和稳定有氧耐力骑行相结合；或者将 3 种能力的训练综合起来，例如，将无氧耐力间歇训练加入另外两个能力训练之中。

尽管综合训练能够极大地提升铁人三项运动员的潜力，但是不要把训练设计得过于困难，导致几乎无法完成，然后还要花几天来恢复。有些综合训练的进程需要保守一点，总 TSS 最高的训练应该在几周内慢慢递增，否则就可能造成过度疲劳、受伤甚至生病。

附录 A 按照能力分类提供了各种训练的详细情况，但并没有给出组合建议。训练的组合需要一点科学知识和艺术性。

科学知识比较容易解释。确定比赛的需求，和自己进行对比，找到优势和劣势。当劣势和比赛需求重叠，就成为一个制约因素，而这个制约因素会减少取得好成绩的机会。例如，对于自行车项目，爬坡是一个普遍的制约因素，也是很多铁人三项运动员的弱点。因此，如果比赛爬坡很多，而这又是你的弱项，那么你需要在综合训练中加入爬坡训练。在强化期初期，把短板安排为综合训练的第一个内容。继续沿用上面的例子，可以先在一段上坡路上进行肌肉耐力间歇训练，然后在平路上进行有氧耐力训练。到了强化期末期，将短板内容放在综合训练的最后，也就是说，先做有氧耐力训练，然后进行肌肉耐力爬坡间歇训练。

综合训练的余下部分则专注自己的强项。假设强项是节奏控制。那么，强化期初期应该先进行比如肌肉耐力间歇训练（短板），然后是按照比赛的功率进行长时间稳定骑行（强项）。到了强化期末期，将顺序反过来，先节奏后爬坡。当然，还有许许多多种可能，但基本上，这就是组合的科学方法。

设计综合训练的艺术问题就涉及分析当前状态的一些细节问题了，然后确认具体需求。这个可能性就太多了，不在本书的讨论范围之内。

恢复骑行

恢复对于认真的铁人三项运动员来说非常关键。但据我估计很多运动员的放松训练都做得不够。在1区进行积极恢复对于高阶运动员疲劳身体的调节恢复非常有效。然而，对于新手来说，纯休息一天也许是更好的选择。

跑步并不是积极恢复的好方式，因为对腿的压力比较大；游泳还不错，不过如果相关设施比较有限，可能很难纳入到日程中去；因此，骑车可能是最合适的选择了。但是，恢复骑行一定要真的放松。稳定骑行在功率1区。放松骑行结束后，NP应该在FTP的50%左右。铁人三项运动员容易犯的最大错误就是恢复骑行的强度过高，原因是他们认为这样可以提高体能。其实不能。相反这样只能让疲劳积累，无法正常进行下一个关键训练。1区恢复骑行达到了3区的强度，你就会带着更多疲劳进入下一个训练，效果自然不会好。这种所谓的"恢复骑行"最终会影响比赛成绩。关键训练的难度越大，恢复骑行应该越轻松。当有人说他在比赛过程中没有发挥出真正实力时，我总会先询问他是如何进行恢复骑行的。

训练伙伴

铁人三项是个个人体育项目，参加集体骑行训练通常会起到反作用，这是因为这种训练方式通常会沦为无数小的比赛。即使没有那么糟，骑行的强度也可能比计划的高或低。另外，你还会因此养成不好的节奏控制习惯，使体能下降，达不到预期的效果。

对铁人三项运动员来说，最糟糕的集体骑行就是和纯公路车手一起骑车。你可能认为这种骑行活动挺好，能够提高体能，让身体进入比赛状态，因为心率和功率都会多次达到一个较高的值，伴随着呼吸急促。你可能会看到赛季内 P1 和 P6 的新高。而这对于那些准备参加大组赛的公路骑士来说确实是个不错的训练，但对你毫无益处。短促激烈的功率变化无法转化成更好的铁人三项比赛成绩。这种骑行可能很有趣，但却是在浪费宝贵的训练时间。

和训练伙伴一起骑车的最佳时机是恢复的时候，但要保证其他车手的水平和能力与自己相当，而且愿意控制骑行的输出。如果每个人都有功率计和相近的 FTP 就更完美了。你们可以商量着骑行的强度因子（IF）不高于某个值，比如说 60%。（关于 IF 详见第 5 章。）

为铁人三项比赛做准备

现在我要给你讲解 4 个常见距离的铁人三项比赛，并描述整体训练安排以及各阶段的关键训练内容。

对于接下来的内容，我默认你是一名高阶运动员，而非新手。所谓"新手"，我指的是没有骑行经验，进行铁人三项训练不满一年的运动员。进行了两年训练，而且最近 12 周每周训练 5 小时以上的话，到了第三年就可以进入高级训练阶段了。对于骑行训练，接触越晚，训练越要保守一些，注意我下面要讲到的内容。

如果你是新手，无论比赛距离长短，重点都应该放在有氧耐力上（这个能力已经在第 6 章中详细介绍过了，还讲解了如何用功率工具来计量训练成果）。而下文所述的肌肉耐力训练应该保守进行。铁人三项运动的新手应该在训练中加入很多速度技能训练，主要是强化踩踏技术，控制肌肉力量的训练（详情见附录 A）。新手在进行肌肉力量方面的训练时要特别注意，这些训练对关节，特别是膝关节的压力非常大，必须小心。一旦有任何不对劲的感觉，应该立即停止训练，千万不要继续训练！如果感觉膝盖酸疼，说明训练的强度对于目前的你来说太高了，或者最近训练太辛苦了，抑或车子不合适。

下面讲到的关键训练内容可以帮助高阶运动员提升体能和骑行速度。这些训练应该是每周自行车训练的重点。如果某一周因为其他事情必须停止一次自行车训练，尽量跳过那些非关键训练内容。也就是说要重新安排这周的训练日程，但注意不要省略恢复部分的安排。

另外注意，下面的关键训练介绍都非常简短，详细信息可以在附录 A 中找到。

还应该知道，我们下面将关注强度，而不是量。不同的运动员，训练量的差别很大。前面解释过，我们可以认为，比赛距离越长，训练量就越大。（第 7 章中提过，训练量不仅指时间，也指 TSS。）这不仅仅是每周获得一个较大的小时数或者很高的 TSS，这两个数字并不是最重要的，关键是如何完成如此的训练量。参加长距离铁人三项比赛的运动员通常比参加短距离铁人三项比赛的运动员的训练量要大，原因就是比赛需要骑行的时间更长。下面在讨论类似比赛的训练中只会简单提及训练时长问题。

默认你在训练之前已经进行热身，而且，骑行强度越高，热身的时间就应该越长。2 区有氧耐力骑行并不需要太多热身，10 分钟左右就足够了。但是，5 区无氧耐力间歇训练则需要更长时间的热身，可以是 20~30 分钟逐渐增加强度的热身。

下面讲解的铁人三项训练内容，按照训练的周期化分成两个部分：所有比赛的通用基础期以及针对性比赛的强化期。

基础期

基础期的训练内容并不受准备参加的比赛距离的影响。基础期的目标应该是全面的体能，这对于所有距离的铁人三项比赛都一样。基础期的训练见表 9.1，该表按照训练能力分类，括号中是训练名称。

表 9.1 高阶铁人三项运动员的基础期训练

时期	关键训练	次要训练
基础期初期（6~8 周）	有氧耐力（有氧阈值） 肌肉力量（力量重复）	速度技能（强化）
基础期末期（4~6 周）	肌肉耐力（甜区）	有氧耐力（有氧阈值）

注：详情见附录 A。

在基础期，唯一变化的就是训练时长，这要根据目标比赛的距离来安排。例如，稳定的 2 区有氧阈值训练，见表 9.2，根据比赛具体安排时长。这是铁人三项基础期初期最主要的关键训练内容。按照附录 A 的描述，热身后，稳定在 2 区低端骑完比赛距离。骑完后分析数据时，特别注意 2 区部分的解耦和效率系数。你需要了解功率对于特定心率区间是如何反应的。

表 9.2　根据比赛距离推荐的 2 区稳定有氧阈值训练时长

铁人三项比赛距离	有氧阈值训练时长*
短距离（Sprint）	60 分钟
奥运距离	90 分钟
半程铁人（Half-Ironman）	150 分钟
铁人（Ironman）	240 分钟

注：*不包括热身和放松时间。

这个有氧阈值训练是唯一一个用心率来判断强度的训练。之所以用心率是因为某些研究显示，当出现疲劳时，心率会下降。如果使用功率作为稳态骑行的强度检测手段，那么这个下降的心率会发出一个错误信息，让你认为自己的体能提升了。功率是不会因为疲劳而升高的。

基础期进行的第一次有氧阈值骑行的时长不应该为表 9.2 中说明的那么长，应该更短一些，可以是目标时长的一半或更短。在整个 6～8 周的基础期内，不断加长这个训练的骑行时间，直到达到目标时长。

在这个训练中，如果功率明显下降而心率保持不变，应该怎么做？这就是解耦（见第 6 章），说明你的有氧耐力还不够；或者可能当天的状态不好，这种情况谁都可能遇到；抑或骑行前可能摄入太多咖啡因，导致心率升高。任何影响心率的因素都会导致出现这种情况。训练并不是个完美的世界。即使出现了明显的解耦，仍然要埋头苦练，这对身体并没有什么损伤，而且仍然能够获得一定的训练收益。

在这样的稳定骑行中，可能会遇到红灯、堵车、爆胎等各种干扰因素。如果遇到，应该尽快回到 2 区继续骑行。几周后，如果训练的环境和条件没有太大变化，比较这段时间的解耦和效率系数来监督有氧耐力的训练进展时，一些小的变化可以忽略不计。

肌肉力量、速度技能和肌肉耐力训练的时长在整个阶段的训练时长也是相同的，不需要根据比赛距离不同而改变。

由于 TSS 值不会很高，因此速度技能训练可以融合到其他训练当中，可以加到任何骑行中，例如热身或放松过程中。

对于高阶运动员，基础期初期强度最高的关键训练是肌肉力量训练。由于该训练受伤的风险很高，因此每周只进行一次。同样，第一次进行时，冲刺的次数要少。在接下来的几周，逐渐增加次数，让身体适应。注意要采取保守、谨慎的原则，因为这个训练风险很高。

可能需要 6～8 周来让肌肉力量达到一个比较好的程度。一个说明你可以进入下一阶段的标志是，这个训练的 6 秒的峰值功率（P0.1）趋于稳定。如果出现这种情况，说明可以把肌肉力量训练换成肌肉耐力训练了。

基础期末期的肌肉耐力训练非常简单，只需要进行 2 次 20 分钟的间歇训练，强度在 FTP 的 88%～93%，中间 5 分钟恢复。这是功率高 3 区到低 4 区的一段区间，安德鲁博士称之为"甜区"。这是提高 FTP 的一个非常有效的训练。进行 4~6 周的这种训练应该能够将体能提升到新的高度。

对于高阶铁人三项运动员，基础期的周关键训练安排可能像表 9.3 所示的例子。记住，这只是关键训练，还需要有更多游泳和跑步的非关键训练。还可能为了恢复的需要，安排一些恢复骑行。你要根据自身的特点来决定这些额外训练内容的具体安排。基础期内安排关键训练的方法很多，我们只是举了其中的一个例子。

表 9.3　高阶短距离铁人三项运动员基础期的周关键训练安排建议

日期	训练
周一	（休息日）
周二	跑步关键训练
周三	自行车力量重复+速度技能（早期） 自行车甜区+速度技能（后期）
周四	游泳关键训练
周五	（积极恢复骑行，1 区）
周六	跑步关键训练
周日	自行车有氧阈值

注：详情见附录 A。

强化期

一旦完成基础期的训练，就可以进行强化期的自行车关键训练了。具体的训练安排要根据目标比赛的类型来决定。下面是针对几类常见距离的铁人三项比赛的自行车关键训练。

短距离铁人三项强化期。短距离铁人三项应该是常见的几类铁人三项比赛中，自行车项目距离变化最大的一种比赛了。自行车部分通常在 16～24 千米，高阶运动员通常可以在 25～45 分钟内完成。如果这是个单独的自行车计时赛，那么无疑要在功率 5 区相互比拼了。而这种输出通常伴随着大量乳酸堆积，还伴随着沉重的呼吸和灼热的双腿。不过，由于你必须下了车继续跑 5 千米左右，因此必须有所保留（再次强调——"保存体力！"）。想到这儿，你估计就会根据自行车部分的距离，调整到高 4 区或低 5 区来完成骑行。需要骑行的时间越长，强度应该越低。

表 9.4 是高阶短距离铁人三项运动员在强化期的关键和次要训练。

表 9.4　高阶短距离铁人三项运动员强化期关键训练

时期	关键训练	次要训练
强化期 （8～9 周）	肌肉耐力（巡航间歇） 无氧耐力（VO$_2$max 间歇）	有氧耐力（有氧阈值）

注：详情见附录 A。

高阶运动员的强化期关键训练是肌肉耐力（巡航间歇）和无氧耐力（VO$_2$max 间歇）。如果目标比赛的自行车部分时长超过 40 分钟，那么应该更强化前者。事实上，如果超过 45 分钟，那么强化期的关键训练只有肌肉耐力。但如果比赛时间非常短，不超过 30 分钟，那么可以加强无氧耐力。

强化期内每周应该安排一次模拟比赛强度和时长的骑行训练。这应该按照间歇的方法进行——具体是巡航间歇还是 VO_2max 间歇，要看比赛中自行车部分所用的时长。每次完成比赛模拟骑行之后，再按照比赛强度跑 5～10 分钟。

强化期还应该保持有氧耐力，可以每周在一次关键训练中加入 30～60 分钟的 2 区骑行，组成一个综合训练。对于所有训练，特别是这个训练，务必遵循 50—40—30—20—10 原则，并管理火柴的燃烧（表 5.3）。这是让身体变强、骑行变快的关键部分。

表 9.5 是高阶短距离铁人三项运动员强化期周训练安排的举例。

表 9.5　高阶短距离铁人三项运动员强化期的周关键训练安排建议

日期	训练
周一	（休息日）
周二	跑步关键训练
周三	自行车 VO_2max 间歇（或巡航间歇）
周四	游泳关键训练
周五	（积极恢复骑行，2 区）
周六	跑步关键训练
周日	自行车比赛强度模拟+有氧阈值（+T2 跑步）

注：详情见附录 A。

奥运距离强化期。奥运距离的 40 千米自行车骑行，大多数车手都会选择在略低于 FTP 的功率区间进行比赛。精英运动员，也就是能够在 50 分钟左右完成自行车项目的运动员，可能会在 FTP

上骑行。这对于他们来说就已经有所保留了。其他人则都会低于 4
区骑行。具体多少，则要看骑行的时间。如果是 70～80 分钟，则
应该在 4 区最低的功率骑行；如果是 60～70 分钟，那么功率可能
略低于 FTP。当然，无论是训练还是比赛，应该确保当前的 FTP
值准确。

奥运距离铁人三项强化期的训练重点应该放在肌肉耐力上。如
果是能在 1 小时以内完成自行车项目的精英车手，可能会增加一
些无氧耐力训练，也就是 VO$_2$max 间歇，但如果超过 1 小时，并
不推荐进行此训练。不要捡了芝麻丢了西瓜。

高阶奥运距离铁人三项运动员强化期关键训练见表 9.6。

表 9.6　高阶奥运距离铁人三项运动员强化期关键训练

时期（阶段）	关键训练	次要训练
强化期 （8～9 周）	肌肉耐力 （巡航间歇）	有氧耐力 （有氧阈值）

注：详情见附录 A。

强化期每周安排一次比赛模拟训练。对于这个距离的高阶运动
员，应该进行巡航间歇训练，见附录 A。强化期开始时，也就是
目标比赛前 12 周左右，按照推荐范围的低端进行训练，例如 5～6
分钟。这样就积累了 25～30 分钟的间歇训练时间。在接下来的 8
周内，逐渐增加间歇训练的时长。到比赛前 3 周左右，应该积累
了 40～60 分钟的间歇训练时间。例如，5 个 8 分钟间歇训练（共
40 分钟）或 5 个 12 分钟间歇训练（共 60 分钟）。

如果比赛的赛道有爬坡，可以考虑将比赛模拟巡航间歇训练设

计成反复爬坡训练，以模拟比赛的情况。这样的话，恢复时间要长于间歇时长的 25%。没有问题，回到山下，尽快开始下一次间歇训练。

每周的比赛模拟训练，骑车后安排一个短距离跑步训练。只要保持在比赛强度，10～15 分钟就够了。其目的并不是要加强体能，而是让自己适应比赛强度下从自行车到跑步的换项过程。这就是我在前面提到的，强化期不一定高体能才更快。

强化期内，保持有氧耐力训练同样重要。每周一次 1 小时左右的有氧阈值骑行，心率在 2 区低端，就可以达到目的。可以是个单独的训练，也可以安排在某次间歇训练的后面。注意，这不是恢复骑行训练。

表 9.7 是强化期安排关键训练的一个例子。

表 9.7　高阶奥运距离铁人三项运动员强化期的周关键训练安排建议

日期	训练
周一	（休息日）
周二	跑步关键训练
周三	自行车巡航间歇
周四	游泳关键训练
周五	（积极恢复骑行，2 区）
周六	跑步关键训练
周日	自行车比赛强度和时长模拟+有氧阈值（+T2 跑步）

注：详情见附录 A。

Half-Ironman 强化期。Half-Ironman 也称为 70.3 距离或"长

距离"铁人三项。Half-Ironman 距离比赛应该认为是"双奥运距离"比赛。这是因为，这种比赛的要求更接近更短距离的比赛，而不是更长距离的比赛。对于那些最快的 Half-Ironman 铁人三项运动员，其训练与奥运距离铁人三项运动员非常相似。

高阶 Half-Ironman 距离铁人三项运动员强化期关键训练见表 9.8。

表 9.8　高阶 Half-Ironman 距离铁人三项运动员强化期关键训练

时期（阶段）	关键训练	次要训练
强化期 （8～9 周）	肌肉耐力 （巡航间歇和/或节奏间歇）	有氧耐力 （节奏间歇）

注：详情见附录 A。

那些自行车项目可以在 2～2.5 小时内完成的运动员应该进行巡航间歇，见上文。也就是说每周 1 次 4 区 30～60 分钟的间歇训练时间。长距离骑行训练则是比赛模拟训练的 3 区节奏间歇。

而对于那些自行车部分 2.5 小时以上才能完成的运动员，唯一的关键自行车训练就是节奏间歇。这既是单一目的的周骑行训练也是更长距离的比赛模拟骑行训练。

节奏间歇是 20 分钟时长的 3 区骑行训练，中间 5 分钟 1 区恢复，详情见附录 A。3 区基本上是这种距离的比赛应该保持的强度。更快的铁人三项运动员可能保持在高 3 区和低 4 区（IF 为 0.85～0.95）。其他人则应该在 3 区的中低部分（IF 为 0.75～0.85）。训练和经验能够帮你将 IF 缩到更小的范围内。根据下面的建议，你的关键训练的强度应该能位于上面提到的 IF 范围内。

表 9.9 中建议每周进行 2 次关键骑行。其中一次可能只包括

2～3 个节奏间歇（例如，表格中周三的关键训练），另一次（周日）则在比赛日前提高到 6 次节奏间歇。在整个强化期中逐渐提高到 6 次。刚开始为 2～3 次，慢慢累加。长距离训练（周日）则是比赛模拟训练，完成后进行 15～20 分钟的比赛节奏跑步训练。

表 9.9　高阶 Half-Ironman 距离铁人三项运动员强化期的周关键训练安排建议

日期	训练
周一	（休息日）
周二	跑步关键训练
周三	自行车节奏或巡航间歇
周四	游泳关键训练
周五	（积极恢复骑行，2 区）
周六	跑步关键训练
周日	自行车比赛强度和时长模拟+有氧阈值（+T2 跑步）

注：详情见附录 A。

节奏间歇训练可以保持有氧耐力，因此 Half-Ironman 铁人三项运动员在强化期没必要再进行 2 区骑行。

Ironman 强化期。Ironman 距离比赛的自行车项目无疑是比赛成功的关键。如果你想跑得好，自行车能力必须达到巅峰，然后在比赛中保存实力。通常，自行车项目的 IF 为 0.65～0.75。大部分年龄组的铁人三项运动员的 IF 都在 0.65～0.70 之间。只有能够 5 小时内完赛的精英运动员的 IF 接近 0.75。

比赛当天，自行车项目刚开始时，你通常会感觉非常轻松，因此很容易忘记能量策略而速度过快。此外，前 8 千米，你还可能被很多车手超过。如果你因此放弃配速策略，和他们一起骑，到自行车比赛的最后 1/4 赛段绝对会后悔的，而到了跑步部分，就可能只能走路了。如果你有一个精准的 IF，一定要坚持。要有耐心，一开始超过你的那些人会被你追回来的。

在所有常见距离的铁人三项比赛中，Ironman 是最需要监控比赛功率的类型了，因为比赛真的很长。比赛日的变化指数（VI）、50—40—30—20—10 原则以及火柴的使用对比赛成功都非常重要。所有的训练骑行都应该把这些因素考虑进去，已达到最佳的配速。

对于高阶的 Ironman 距离铁人三项运动员来说，强化期有两个关键自行车训练内容，见表 9.10。

表 9.10　高阶 Ironman 距离铁人三项运动员强化期关键自行车训练

时期（阶段）	关键训练	次要训练
强化期 （8～9 周）	肌肉耐力 （节奏间歇） 或 有氧耐力 （有氧节奏）	有氧耐力 （有氧节奏） 或 肌肉耐力 （节奏间歇）

注：详情见附录 A。

更短、强度更高的训练（表 9.11 中周三的安排）包括了节奏间歇，详情见附录 A。这个强度说明比赛中很可能有爬坡。因此训练时最好也找个山坡。如果没有山，只能在平路上进行。这虽然不太好，但是也没有办法。

表 9.11　高阶 Ironman 距离铁人三项运动员强化期的周关键训练安排建议

日期	训练
周一	（休息日）
周二	跑步关键训练
周三	自行车节奏间歇
周四	游泳关键训练
周五	（积极恢复骑行，2 区）
周六	跑步关键训练
周日	自行车比赛强度和时长模拟（+T2 跑步）

注：详情见附录 A。

另外一个关键自行车训练是有氧节奏。它与基础期的有氧阈值训练的唯一区别就是，现在要改用功率来监督训练强度。我们的目的不再是强化有氧耐力，而是演练，为比赛当天制定一套节奏控制的战略。强化期内，应该确定精准的比赛 IF，以及遇到爬坡的调节幅度。

对于职业选手，很多人在刚开始时会让 IF 接近 0.80，以跟上领先集团。这样在心理和气动方面都具有一些优势。但是这个强度会随着自行车项目的进展而逐渐降低。到比赛结束时，大多数人的 IF 会接近 0.70。他们必须按照这种节奏战略来训练。

对于参加年龄组比赛的铁人三项运动员来说，这样比赛会成为一场灾难。其实没有必要跟着领先集团，一路上身边总会找到同伴。必须要根据 IF 制定一套节奏方案，以保证身体还有足够的体能顺利完成跑步。这就是强化期训练时间最长那天（表 9.11 中周日的训练安排）的训练目的。

除了节奏控制，Ironman 距离比赛成功的另一个关键因素就是在车上吃东西的问题。Ironman 距离的比赛是一场"游泳—自行车—跑步—吃"的比赛。如果你在比赛过程中没有及时补充足够的碳水化合物，很可能最后跑不动，甚至到不了终点。关键就在于正确把握比赛的 IF，以及热量的摄入率。强化期的单日长时间训练是唯一能够找到这些关键问题答案的机会。IF 越高，能够消化吸收的食物就越少，就越可能需要液体补充。如果 IF 更低（也就是说完赛时长更长），热量摄取可以增加，可以吃更多固体食物。你需要在最长的训练日来找到答案。训练时必须保证适当的 IF，同时尝试各种补给方法（详情见我的作品 *The Paleo Diet for Athletes*）。

铁人三项是一项非常复杂的体育运动。将游泳、骑车、跑步和谐地融入生活绝对是个挑战。功率计可以帮助你，它能让你进行关键训练，顺利实现比赛目标。在最基础的层面，就是要注意 IF 和节奏控制。使用功率计进行训练，可以把所有成功完赛的关键因素从猜测变成精确预测。使用功率计进行训练和比赛就好像是在作弊。只要你爱上它，使用起来是非常顺手的。

第 10 章

Century 骑行的功率

即使你的目标只是完赛，骑行 160 千米仍然是一项艰巨的任务。如果你准备实现个人最佳成绩，这就是个更大的挑战。这时候，功率计正好能发挥作用。在本章中，我将告诉你如何让前面读到的内容帮你实现最好的 Century 成绩。你会深入研究那些让自己变快、变强的训练。我还会推荐周训练计划，让你在比赛当天达到最佳状态。这会非常有趣。下面我们就开始。

重点

在前面 7 章中，我讲了大量功率的知识。你现在可能会觉得使用功率计来训练是个非常麻烦的事情——甚至也许认为根本不可能。我可以保证，并不是你想的那样。备赛的关键就是关注最重要的组成部分，另外就是让功率计帮你进行更有效的训练。

努力程度和强度因子

想完美完成一次 Century 骑行，必须关注两个因素：强度因子（IF）和变化指数（VI）。两者已经在第 5 章讲过。我们先来解释一下为什么 IF 非常关键。

你可能还记得，IF 衡量的是骑行的输出。它是用某次骑行的标准化功率（NP）除以 FTP。如果 IF 为 1.0，说明 NP 和 FTP 正好相等。这是一次辛苦的骑行，因为 FTP 是指 1 小时内维持的最高功率。1 小时红线骑行，其实超过了大多数车手的能力范围。

事实上，车手完全不可能让 IF 保持在 1.0 完成一次 Century 骑行，甚至无法接近这个值。对于大多数参与者，最快的车手也要花大约 5 小时完赛，IF 在 0.75～0.8 之间；而最慢的可能需要 7 小时或更久，IF 为 0.5～0.6；大部分人的 IF 在 0.6～0.7 之间。

因此，我们可以粗略地说，大多数车手完成 Century 骑行的 IF 在 0.5～0.8 之间。这基本在功率的高 1 区、2 区和 3 区。准备 Century 比赛要做的一件事就是找到你的"基础" IF。这是你在平路应该保持的值。你可以查看以前的骑行数据。如果没有，那就要开始注意自己长距离骑行的 IF 了。你可能会在 Century 比赛中更加努力地骑行，但是训练骑行会让你有一个总体的概念。

一旦你知道了预计的 IF，就必须学会按照这个强度来完成骑行。不要等到 Century 比赛当天才尝试，那就太晚了。

另一个重要方面就是节奏控制，特别是在非平路上。我们继续往下看。

节奏控制与变化指数

节奏是取得好成绩的关键因素。它关系到能量的使用效率，特别是体内宝贵的糖原储备的使用。糖原是人体使用的一种碳水化合物能量，和脂肪一起为转动曲柄提供能量。在整个骑行过程中，两种能量以一定的比例共同提供给人体。然而，糖原是有限的，人体内有 1500～2000 卡（1 卡≈4.184 焦）的能量，主要储存在肌肉中。如果你用力骑行一段时间，就会消耗较多的糖原，脂肪消耗的比例降低。如果速度慢下来，两者的配比正好反过来，身体会更依赖脂肪。

由于体内储存的糖原很有限，而脂肪很多（即使是最瘦的车手，体内的脂肪也足够使用好几天的），因此，骑行中需要摄入碳水化合物，可以是饮料、能量胶、能量棒，或其他食物和饮品。

问题是，胃的处理能力是有限的——骑行中每小时能够吸收 200～350 卡的热量，这与体形和其他一些因素有关。如果摄入量超过消化系统的工作负荷，那么剩下的碳水化合物（以及其他吃进去的东西）就会停留在身体里，引起腹胀，甚至恶心。这可不是好事。

糖原显然是非常重要的能量来源，因此骑行中何时使用非常关键，应避免在需要的时候用完。控制消耗的方法就是管理骑行的 IF，注意不要突然加速。经常的加减速，即使最终平均功率输出和稳定骑行时一样，仍然要消耗更多糖原。每次加速，例如为了防止被别人超过、爬坡发力或者跟上先头部队，都会加快糖原的消耗。如果在 Century 骑行中多次做出这种行为，即使在不断摄入食物，最终还是会"入不敷出"。换句话说，糖原储量会降低。如果出现这种情况，就告别欢乐了。这通常叫作"撞墙"，是想要骑出好成绩的车手的最大挑战。

避免"撞墙"的关键就是要知道并控制摄入的碳水化合物的量，并尽量稳定比赛节奏。前者由平时的训练骑行决定。这主要是经验的积累，因为每个人的情况都不一样。后者则需要我们回顾一下第 5 章讲到的一些内容，并结合 Century 骑行的特点来说。

首先复习一下变化指数（VI）。WKO+软件和 trainingpeaks.com 的这个功能可以告诉你骑车的稳定程度。它是标准化功率（NP）除以平均功率所取得的值。如果两者相等，VI 就是 1.0，也就是说骑行非常稳定。如果经常改变节奏，那么 VI 就会大于 1.0。对于 Century 骑行，最关键的训练骑行应该让 VI 保持在 1.15 以内。如果高于这个值，说明骑行中浪费了很多体力。

你可能会问："但如果有坡怎么办，我肯定没办法稳定骑行啊？"没错，山坡会影响 VI。影响的程度要看你如何爬坡。如果是个很长的坡，你不断加减速，或者你在短坡上发起进攻，VI 都会升高。爬坡时，应该保持一个可以稳定维持的强度，让最终的 VI 保持在 1.15 以内。可以参看表 10.1，把它作为 Century 骑行的一张燃烧火柴的指导表格。表中建议遇到爬坡时，将功率输出提高两个区间。例如，大多数 Century 骑行都在功率 2 区（IF 在 0.55～0.75），那么爬坡时最好在 4 区。到底能在更高的区间骑行多久，以及一次 Century 骑行中高区骑行的累计时间能有多长，表 10.1 也给出了建议。当然，这只是一个粗略的指导，不同的人能力也存在差异。欲找到适合自己的最佳策略，需要平时多进行训练演习。

表 10.1　Century 骑行的火柴大小、燃烧时间和累计时间

基础区间	燃烧火柴的区间（强度上限）	区间内燃烧时长（可变）	整个 Century 骑行推荐累计时间
3 区	5 区	>2 分钟	<10 分钟
2 区	4 区	>5 分钟	<20 分钟
1 区	3 区	>15 分钟	<60 分钟

这又让我们再次想起第 5 章讲到的 50—40—30—20—10 原则。它是取得好成绩的最基础原则。它告诉我们，当骑行速度为 50 千米/小时时，你显然在下坡。在 Century 骑行中，不要尝试骑得太快。应该保存体力（宝贵的糖原），方法就是保持气动姿势和滑行。当以 40 千米/小时的速度到达山脚时，可以再次开始踩踏，但不要太用力，保持较低的输出。此时应该维持在 1 区。当速度降低到 30 千米/小时时，开始用力踩踏。此时应该接近 Century 骑行平路部分的平均速度（上下波动 1.6～3.2 千米），这样实际功率应该正好是平时平路训练的功率，也就是你的基础 IF。

当速度掉到 20 千米/小时时（你可能在爬坡），踩踏的力量应该高于平路的正常功率输出，这很可能高于基础 IF 一个区间。对

于非常陡的上坡，速度可能降到 10 千米/小时，踩踏必须非常用力。这时候就要用到火柴了，要高于基础 IF 两个区间。

如果建议的速度与你预计的速度不符，可以自行进行调整。把 50—40—30—20—10 改成比如 45—35—25—15—5。也就是说，25 千米/小时为你预计的平均速度。你可以根据这个原则自由调整，原则不变。

毫无疑问，IF 和 VI 是一次成功的 Century 骑行的最重要指标。当然，骑行过程中还要摄入足够的碳水化合物，注意要"刚刚好"，不要太多也不能太少。

关键训练和次要训练

为一次 Century 骑行做好准备要比进行一次好的周末骑行更复杂。骑行必须有一个明确的目的，有预期的追求；如果经常训练，还能够获得更高的体能。

Century 骑行的各种训练内容中，一些比另一些重要。也就是说有关键训练，还有没那么重要的次要训练。如果将活动日之前的 24 周分成两个部分——基础期和强化期——的话（见第 6 章），每个时期都有各自的关键训练和次要训练。

如果是关键训练，一定要特别关注 IF 和 VI。而最重要的训练就是模拟训练，安排在强化期进行。Century 骑行成功的关键就是在训练中不断关注 IF 和 VI，其中模拟训练更为重要。训练过程中眼睛要随时关注 IF 和 VI，逐渐形成习惯，这样到了 Century 比赛当天，就不用再去想了。

Century 比赛模拟与训练压力

备战 Century 比赛的一个特别麻烦的问题就是确定长距离骑行到底应该骑多长。训练时没必要也骑行 160 千米。如果你非要这样骑，那么 IF 会低于设定的目标，而且要在公路车上坐相当长的时间。我们前面讲过，对于高阶运动员，成功的关键并不是时长，而是强度。长时间慢骑并不能达到效果。

在强化期内，长时间的骑行应该是关键的模拟训练。在最后 12 周内应该进行 6～8 次长距离骑行训练，其中，最后 2～3 次距离应该最长。这些骑行应该按照目标 IF 完成，有可能会包含一些更高强度的间歇训练（后文解释）。那么，模拟骑行应该骑多长时间呢？表 10.2 可以帮你确定强化期最后 2～3 次的骑行时长。

表 10.2　根据目标 IF 和预估时间来估计 Century 骑行的训练压力分数（TSS）

时长	0.50 IF	0.55 IF	0.60 IF	0.65 IF	0.70 IF	0.75 IF	0.80 IF
2.75 小时							176
3 小时						169	192
3.25 小时						183	208
3.5 小时					172	197	224
3.75 小时					184	211	240
4 小时				169	196	225	256

时长	0.50 IF	0.55 IF	0.60 IF	0.65 IF	0.70 IF	0.75 IF	0.80 IF
4.25 小时				180	208	239	272
4.5 小时				190	221	253	288
4.75 小时			171	201	233	267	304
5 小时			180	211	245	281	320
5.25 小时			189	222	257	295	336
5.5 小时		166	198	232	270	309	352
5.75 小时		174	207	243	282	323	
6 小时	150	182	216	254	294	338	
6.25 小时	156	189	225	264	306	352	
6.5 小时	163	197	234	275	319		
6.75 小时	169	204	243	285	331		
7 小时	175	212	252	296	343		
7.25 小时	181	219	261	306	355		
7.5 小时	188	227	270	317			
7.75 小时	194	234	279	327			
8 小时	200	242	288	338			

注：灰底数字不可使用。

下面介绍一下使用表 10.2 来确定最后 2～3 次最长模拟骑行时长的方法。

1. 确定你的目标时间，要考虑地形和任何其他可能影响骑行的外界因素（如高温、湿度、风）。

2．确定目标 IF。这个数据应该真实、可靠，应该是以之前的骑行或训练数据为参考。

3．目标时间行和 IF 列交叉的地方就是你的 TSS（这个数字应该是纯黑色的，不带灰色底）。你的 TSS 很可能在 220～350 之间。

4．将这个 TSS 乘以 0.75，确定最长骑行训练的 TSS。

5．在目标 IF 一列找到这个 TSS。查看左边相应的时间，从而找到最长骑行训练的相应时长。

前面提到，表 10.2 中的时长是基础期最长 2～3 次骑行训练的时长。最后一次应该安排在开始缩减训练量，进入比赛状态之前。（减量期应从 Century 比赛日前 2～3 周开始，详情后文会讲到。）

而强化期的第一次模拟骑行时长应该更短。对于大多数车手，从 150 TSS 开始比较合适。之后的每周增加 10%左右。注意要使用 TSS 来确定骑行的时长，而不是其他方法。那么，这个循序渐进的过程可能是 150、165、180、200 等，直到达到表 10.2 中的目标 TSS 和时长。当然，所有的骑行都应该按照目标 IF 进行。

对于某些人来说，即使把预期放低，目标 IF 可能仍然是个巨大的挑战。当天应该充分休息好，补充好体内的碳水化合物，当然还要保持兴奋的状态。比赛中尽量跟在别人的身后，还要充分利用补给点。如果每次训练都能和比赛一样就更好了，不过这貌似不太可能。

如果 IF 最高在 0.75 左右，长骑行训练需要连续稳定骑行几小时。但如果超过 0.75，长时间的骑行就具有了挑战性，这时就需要加入间歇训练。我推荐 3 区节奏间歇训练，附录 A 中有详细说明。通过这些间歇训练，可以模拟目标 IF 和长时间骑行。注意，除非爬坡，否则间歇的节奏不要超过目标 IF。通常容易犯的错误就是前两三次间歇训练会太快。注意控制好节奏。

在长模拟骑行中，每一件事都尽量按照 Century 比赛当天可能出现的情况来进行，包括选择类似的线路、使用相同的器材和服装、设置途中的补给。

恢复训练

安排周训练的常用方法就是难易交替的骑行安排。最辛苦的骑行是关键训练，次要训练要容易一些。高阶运动员可以将关键训练和次要训练连续安排在一起。接下来就需要时间来专门恢复：可以是完全不骑车的休息，也可以进行短距离的 1 区骑行。对于所有级别的车手来说，一周安排一天恢复是个不错的选择。训练时间不满一年的车手建议恢复日完全不骑车。研究显示，高阶运动员进行轻度的运动有助于身体恢复；而对于新手来说，彻底休息可能效果更好。

为 Century 骑行做准备

Century 骑行的训练不能操之过急，必须要先制订计划。为了让身体充分做好准备，需要从细胞层面上做出变化，而无论如何，这些都需要时间才能实现。想要使身体快速适应辛苦的训练，例如高 IF 结合超长时间骑行，几乎不可能实现，而且还会让身体处于极大的风险当中，身体可能会出现受伤、疾病、倦怠、训练过度等崩溃表现。这是身体在告诉你"停下来"。

在 Century 比赛日让身体做好准备的最佳方式，是在数周内逐渐增加压力。身体会做出积极的响应，体能也会具备坚实的基础。

这一部分，我们将学习有效的训练安排。训练会随之从基础期进入强化期，最好在进行 Century 骑行前让身体达到一个巅峰状态，同时训练变得越来越具挑战性。我的这套方法在执教 30 多年间被许多运动员证明非常成功。我相信它同样适合你。

基础期

基础期通常从 Century 比赛日前 24 周开始，并持续到 12 周前。第 6 章已经详细解释过，这个阶段的目的是提高身体的整体素质。对于 Century 车手来说，就是要提高基本能力——有氧耐力、肌肉力量、速度技能和肌肉耐力。

基础期可以分为初期和末期两个阶段，初期主要提高前 3 项能力。持续 6～8 周之后，当 3 项能力，特别是有氧耐力达到一个最佳状态时就可以准备进入下半段。具体如何确定见第 6 章"你是否更强、更快了？"一节。后半段则将训练重点转移到肌肉耐力上。这段时间的目标是提高 FTP。坚持按照下面的计划进行训练，通常会在 4～6 周内实现目标。

表 10.3 总结了基础期的能力训练，并为每种能力提供了可以进行的训练举例。训练的具体方法详见附录 A。

表 10.3　Century 车手基础期训练能力（括号中为相应训练）

时期（阶段）	关键训练	次要训练
基础期初期（6~8 周）	有氧耐力（有氧阈值） 肌肉力量（力量重复）	速度技能（强化）
基础期末期（4~6 周）	肌肉耐力（甜区）	有氧耐力（有氧阈值）

注：详情见附录 A。

表 10.4（初期）和表 10.5（末期）给出了如何安排每周训练的建议，在保证且强调关键训练，并融入次要训练。这些安排只是个建议，并不是唯一方法。当然也不一定是适合你的最佳方式。你应该根据自己的实际情况进行调整，然后专心去执行计划。

表 10.4　Century 车手基础期初期的周训练安排建议

日期	训练
周一	（休息日）
周二	有氧耐力
周三	恢复（1 区）
周四	肌肉力量+速度技能
周五	恢复（1 区）
周六	有氧耐力
周日	肌肉力量+速度技能

注：详情见附录 A。

表 10.5　Century 车手基础期末期的周训练安排建议

日期	训练
周一	（休息日）
周二	有氧耐力
周三	肌肉耐力
周四	恢复（1 区）
周五	有氧耐力
周六	恢复（1 区）
周日	肌肉耐力+有氧耐力

注：详情见附录 A。

每周的训练应该将重点放在关键训练上。如果由于一些事情必须放弃一次训练，尽量跳过那些次要训练。你可能需要重新安排训练日程，要注意保证关键训练和足够的恢复安排。

强化期

强化期从 Century 比赛日前 12 周开始，持续 8～10 周。这段时间的训练重点是让自己变得更快。这其中包括熟悉地形、营养饮食、节奏演练和器材选择。这个阶段在保持基础期的有氧耐力的同时，还要提高专项能力。这个阶段，每周最重要的训练是 Century 模拟骑行。

表 10.6 列出了强化期的关键训练和次要训练。表 10.7 则是周训练安排建议。注意，我把模拟骑行安排在了周六。这是因为，如果周六天气不好，还可以改在周日进行。

表 10.6　Century 车手强化期训练能力（括号中为相应训练）

时期（阶段）	关键训练	次要训练
强化期（8～9 周）	肌肉耐力（巡航间歇、快速集体骑行、Century 模拟）	有氧耐力（有氧节奏）

注：详情见附录 A。

表 10.7　Century 车手强化期的周训练安排建议

日期	训练
周一	（休息日）
周二	肌肉耐力
周三	恢复（1 区）
周四	有氧耐力
周五	恢复（1 区）
周六	Century 模拟
周日	恢复

注：详情见附录 A。

Century 比赛日达到巅峰状态

Century 比赛日前的最后 2～3 周，为了进入比赛状态，就要开始缩减训练量了。这也就是巅峰期。"状态"来自于降低训练的时长和频率，同时保持强度。第 7 章讲到的长期训练负荷（CTL）、短期训练负荷（ATL）以及训练压力平衡（TSB）三者的关系，是转变到巅峰期的关键所在。现在可能重新阅读"功率与周期化"

一节的内容，复习一下详情会比较有帮助。

简单复习一下，到达巅峰需要提高状态（TSB），同时降低疲劳（ATL）。这需要在这 2 或 3 周的时间内逐渐降低每天和每周的TSS。减少关键训练的时长和频率，就可以降低 TSS。这样虽然体能（CTL）会有少许下降，但是可以消除大量的 ATL，从而进入TSB，让自己做好比赛的准备。

使用 WKO+软件或在线版本 trainingpeaks.com 的日历功能，设计巅峰期每天的 TSS，从而管理并预测 Century 比赛当日的 TSB。成绩管理图可以显示结果。图 10.1 是一张根据上面讲到的训练方法制作出来的巅峰期图。从图中可以看出来，在 2 周的巅峰期内，CTL 缓慢下降，而 TSB 升高。

对于你的 Century 骑行，你肯定想要"最佳状态"。也就是说整个巅峰期，CTL 只下降 10%左右，而 TSB 上升到+15～+25。"不佳状态"是 TSB 在可接受范围内，也可能过高，CTL 下降超过 10%。如果成绩管理图中显示的CTL 和 TSB 的预计结果与你的预期不同，只需要重新设定单日的 TSS 值，直到 CTL 和 TSB 正确就可以了。然后按照每天的 TSS 值进行训练。

巅峰期的关键训练就是模拟骑行，但是这些模拟骑行要比强化期的模拟骑行时长更短，需要用 TSS 来确定每次骑行的时长。因此，骑行时要注意表头的数据。这些训练的真正关键是强度因子（IF），而不是时长。再次强调，减少的只是时长和频率，以达到消除 ATL 的目的。如果同时还降低了模拟骑行的 IF，ATL 自然会减少得更迅速，但 TSB 也会变差。

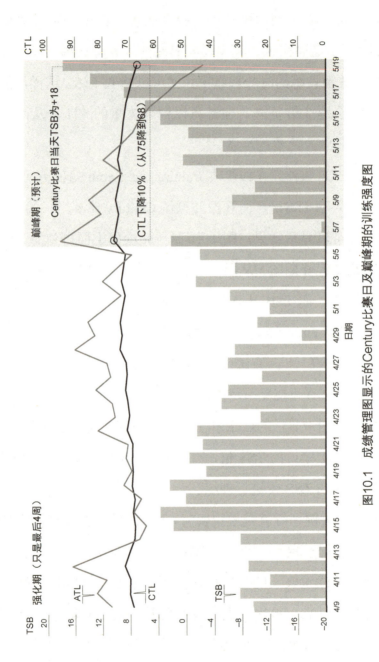

图10.1　成绩管理图图示的Century比赛日及巅峰期的训练强度图

每 3 天进行一次模拟骑行，中间进行恢复训练。表 10.8 给出了 3 周巅峰期中前 2 周的训练计划建议。如果你决定只要 2 周的巅峰期，只需要忽略第一周的计划。一般说来，当训练在强化期进展不顺利，还需要一周的高 TSS 训练时，则需要缩短巅峰期。表 10.9 和表 10.10 提供了为使 Century 骑行达到巅峰状态的计划。训练的内容和形式与巅峰期之前的差别很大。训练期间日常 TSS 大幅下降，而通过高强度间歇和爬坡，IF 居高不下。爬坡应该非常短，只需要 90 秒左右就能完成。这样可反映出前面讲到的 50—40—30—20—10 原则和稳态燃烧火柴的问题。注意，表 10.9 中 Century 骑行在周六进行，表 10.10 中 Century 骑行在周日进行。

表 10.8　Century 骑行 3 周巅峰期前 2 周的训练计划建议

日期	训练
周一	Century 模拟（80～100 TSS）（如果上周日训练也是模拟骑行，今天休息）
周二	恢复（1 区，30～50 TSS）
周三	恢复（1 区，30～50 TSS）
周四	Century 模拟（90～120 TSS）
周五	恢复（1 区，30～50 TSS）
周六	恢复（1 区，30～50 TSS）
周日	Century 模拟（150～250 TSS）
日期	训练
周一	恢复（1 区，30～50 TSS）
周二	恢复（1 区，30～50 TSS）

日期	训练
周三	Century 模拟（80～110 TSS）
周四	恢复（1 区，30～50 TSS）
周五	恢复（1 区，30～50 TSS）
周六	Century 模拟（100～120 TSS）
周日	恢复（1 区，30～50 TSS）

表 10.9　周六 Century 骑行 2 或 3 周巅峰期最后一周训练计划建议

日期	训练
周一	恢复（1 区，20～30 TSS）或休息
周二	短骑行，包括 4×90 秒的爬坡重复，Century 预计 IF（50～60 TSS）
周三	短骑行，包括 3×90 秒的爬坡重复，Century 预计 IF（40～50 TSS）
周四	恢复（1 区，20～30 TSS）或休息
周五	短骑行，包括 1×90 秒的爬坡，Century 预计 IF（20～30 TSS）
周六	Century 骑行
周日	休息

表 10.10　周日 Century 骑行 2 或 3 周巅峰期最后一周训练计划建议

日期	训练
周一	恢复（1 区，20～30 TSS）或休息
周二	短骑行，包括 5×90 秒的爬坡重复，Century 预计 IF（50～60 TSS）

日期	训练
周三	恢复（1 区，20～30 TSS）
周四	短骑行，包括 3×90 秒的爬坡重复，Century 预计 IF（40～50 TSS）
周五	恢复（1 区，20～30 TSS）或休息
周六	短骑行，包括 1×90 秒的爬坡，Century 预计 IF（20～30 TSS）
周日	Century 骑行

备战 Century 比赛即使对于高阶运动员和骑行老手来说，也是个具有挑战性的任务。当你在基础期打好身体基础之后，Century 骑行成功的关键就是要在强化期内，通过多次长时间的模拟骑行获得合适的变化指数（VI）和强度因子（IF）。确定每周最长训练的骑行时长也是件复杂的工作，不过功率计和分析软件可以帮你简化。将本章中讲到的功率训练计划与个人的独特需求相结合，就可以在期望的日子达到最佳状态，进行一次完美的 Century 骑行。

附录 A

功率训练

下面的训练内容是按照第 4 章讲到的训练能力来分类的。这里只列出了一些例子。trainingpeaks.com 网站上也提供了上百种训练方法。

对于高阶车手，可以将几个训练内容结合在一起，组成更长的训练安排，但通常只有在强化期才会这样做。例如，热身后，公路车手可能从无氧耐力间歇训练开始，然后进行肌肉耐力间歇训练，最后是功率冲刺训练。综合训练的目的就是让训练更像一场比赛。

默认大家能够在训练正式开始前正确热身，因此下面并不包含热身的内容。

有氧耐力训练

有氧阈值。在心率 2 区下半段稳定骑行。根据你所练习的运动项目，在相应章（第 8～第 10 章）中找到训练时长。骑行中功率可能发生变化，但只要心率在相应区间内就可以。

骑行后进行数据分析，主要查看变化指数、效率系数和解耦信息。这个训练的目的是提高有氧耐力。

有氧节奏。稳定在功率 2 区骑行至比赛相应的时长，通常为 2 小时或更长。训练采用 50—40—30—20—10 原则和遇到爬坡时的火柴使用原则。

骑行后进行数据分析，主要查看变化指数、效率系数和解耦信息。这个训练的目的是保持有氧耐力。

肌肉力量训练

力量重复。可以在上坡或平路进行。选择一个较高的挡位（例如 53×14）爬坡，然后滑行到坡底或起点。保持坐姿，大力踩踏。每次只踩踏 6～12 圈（单腿）。刚开始，踏频非常低，可能不到 50 转/分钟，逐渐增加踏频。

这样功率的峰值应该很高。努力将峰值功率达到至少两倍 FTP。每次训练进行 1～3 组，每组 3 次。

每次重复训练之间 1 区恢复 3 分钟。每组中间恢复 6 分钟。

这个训练对于身体，特别是膝关节来说，受伤风险很高，出现不适感应立即停止训练。本训练的目的是提高肌肉力量。

速度技能训练

高踏频间歇训练。提高踩踏技术的方法很多，这个方法应用最普遍，也最基础。在任意训练中，插入几分钟的高踏频间歇训练。每次间歇训练中，将踏频提高到身体感到略微不舒服，然后保持至间歇训练结束。应该使用低挡位。

间歇训练后采用正常踏频恢复几分钟。

在几周的时间内，逐渐增加每次间歇训练的时间和总时间。这项训练的目的是提高踩踏效率。

肌肉耐力训练

甜区间歇训练。这项训练最好在平路或缓上坡路段进行。完成两次 20 分钟的间歇训练，强度因子（IF）控制在 0.88～0.93 之间。中间 1 区恢复 5 分钟。

刚开始几次可以把训练拆分成几组。例如 4×10 分钟间歇训练，2.5 分钟恢复；或者 3×15 分钟间歇训练，4 分钟恢复。这项训练的目的是提高功能阈值功率（FTP）。

巡航间歇训练。这项训练可以在平路或缓上坡路段进行，模拟比赛情况。进行 3～5 次 5～12 分钟的间歇训练，强度在功率 4 区。间歇训练间恢复时间为间歇训练时长的 1/4，保持在功率 1 区。例如，间歇训练时间 6 分钟，恢复时间则为 90 秒；12 分钟间歇训练，则是 3 分钟恢复。

间歇训练如果在上坡路段进行，由于下坡的速度比较快，因此可能恢复时间不足 1/4。如果是这样，到达坡底后，应立即开始下一次间歇训练。这项训练的目的是提高肌肉耐力。

节奏（Tempo）间歇训练。这个训练最好在比赛模拟路段进行。完成几次 20 分钟的功率 3 区间歇训练。间歇训练的次数根据比赛的具体情况而定。一个平路绕圈赛车手可能需要做 3 次间歇训练，而 Ironman 距离铁人三项运动员或 Century 车手可能需要做 6~8 次。

每次间歇训练后在功率 1 区轻松踩踏 5 分钟。

刚开始训练，间歇训练次数不要太多。逐渐增加间歇训练的次数。训练中注意时间节奏战略（50—40—30—20—10 原则和火柴的使用）。这项训练的目的是提高肌肉耐力。

无氧耐力训练

快速集体骑行。对于公路车手，这是强化期的终极比赛模拟训练内容。为了让骑行的强度达到预计的比赛 TSS，整个骑行训练的长度可能要超过集体骑行部分。因此，可能需要在活动前后安排适当的间歇训练。这项训练的目的是为公路大组赛做准备。

VO$_2$max 间歇训练。这项训练应该在平路或爬坡路段进行。进行 3~8 次 2~4 分钟的功率 5 区间歇训练。一般来说，这项训练的总间歇时间为 8~20 分钟。

1 区恢复同等时间。

这项训练的风险很高，应特别注意膝关节是否有不适。另外，如果在公共道路训练，还要注意安全问题，最好找一段没有路口的公路。这项训练的目的是提高有氧能力，适应公路赛的压力。

火柴燃烧间歇训练。完成几组短间歇训练，中间配合不完全恢复（1区）。按照恢复时间（按照 2～5 分钟的顺序）将间歇训练进行分组。每次间歇训练的时长、功率是多少以及间歇训练的次数，按照你自己定义的火柴（见第 5 章）以及目标比赛的需求来定。

典型的公路比赛训练为 3 组 5 次 6 区间歇训练，持续 20～30 秒。间歇训练恢复时间 40～50 秒，每组间恢复 3 分钟。这项训练的目的是让决定比赛成败的高强度火柴"燃烧"做准备。

冲刺能力训练

变速。在一次中低强度的骑行中，加入几次非常短的全力冲刺，每次可以踩踏 6～8 次。

可以在各种地形上进行：平路、上坡、下坡。采取站立或坐姿，而且有些冲刺握手变，有些冲刺握下把。踏频应该很高。

冲刺间歇之间，回到正常强度（例如 2 区），保证足够长的时间恢复。

这个训练最好和训练伙伴一起进行，目的就是能在最短的时间里达到最高的功率。

爬坡冲刺。找一段坡度为 4%～6% 的上坡，进行 6～9 次冲刺。每次冲刺使用加速方式，在到达坡底之前花几秒加速。然后高踏频、最大输出踩踏 10～15 下。每次冲刺后恢复 3～6 分钟。

这项训练的目的是提高冲刺能力。

B

附录 B
设定骑行心率区间

下面介绍如何在心率计中设置自己的训练强度。注意，乳酸阈值心率（LTHR）测试应该在基础期和强化期的早期进行。

步骤 1：使用下面的短时长骑行测试确定乳酸阈值心率。（不要使用"220–年龄"的方法，结果通常是错误的，详细解释见 *Total Heart Rate Training*。）

为了确定 LTHR，自己进行一次 30 分钟的计时骑行（不能有训练伙伴，也不能在比赛中进行）。整个 30 分钟应该按照个人计时赛标准认真对待。测试开始后 10 分钟，按下码表上的记圈键。完成后，查看最后 20 分钟的平均功率，这个数据非常接近真实的 LTHR。

注意：经常有人问我前 10 分钟是不是要全力骑行，回答是肯定的。整个 30 分钟都要全力骑行。但是应该注意，大多数人都会在前几分钟速度过快，然后逐渐减慢。这样得出的结果是不准确的。你应多次进行本测试，学会更好地控制节奏，努力找到比较准确的结果。

步骤 2：根据下面的表格确定训练区间。

区间	LTHR%
1 区	<81%LTHR
2 区	81%～89% LTHR
3 区	90%～93% LTHR
4 区	94%～99% LTHR
5A 区	100%～102% LTHR
5B 区	103%～106% LTHR
5C 区	>106% LTHR

C

附录 C
分析软件简介

本书（英文版）出版时，市场上有 8 款分析软件可以配合功率计使用；这里列出的价格也只是当时的价格，估计会有变动。想要了解最新的信息，可以在购买之前阅读产品网站信息，了解详情。一定要确认该软件与你的功率计表头和电脑操作系统是否兼容。

GoldenCheetah（ goldencheetah.org ）。这是一款免费的开源软件，而且还有程序员专门更新。该软件兼容 Mac、Windows 和 Linux 操作系统，可以直接导入 SRM 或 PowerTap 数据。

Polar Precision Performance（ polar.fi/en/support/downloads? product ）。如果你使用 Polar 功率设备，可以使用这款软件进行设置和数据分析。Polar Precision Performance 提供免费下载。

PowerAgent（cycleops.com/products/software.html）。如果你使用 Power-Tap 功率计，就可以使用这款随机附带的免费软件，并设置表头。当然也可以使用其他软件进行数据分析。

PowerCoach（powercoach.ch）。这款软件的用途很广。它兼容 Windows 和 Mac 操作系统，有英语、法语和德语版。PowerCoach 可以支持 iBike、Garmin、Polar、PowerTap 和 SRM 表头。网上价格 750 美元。

RaceDay Apollo（physfarm.com/inside/raceday.html）。Apollo 可以支持 iBike、Garmin、Polar、PowerTap 和 SRM 表头，兼容 Mac 和 Windows 操作系统。一次性购买价格 125 美元。

SRM Win（srm.de/us/software）。这款软件附在 SRM 功率计包装中，也可以免费下载。它提供多种分析功能。如果你使用 SRM 功率计，则需要这款软件，不过使用其他软件也可以进行分析。

TrainingPeaks（trainingpeaks.com）。这是目前唯一一款支持在线使用的软件。它还可以与多种产品配合使用，例如心率计、GPS 表、加速度计、普通码表和测绘设备。其功能丰富，显示明了，类似 WKO+软件。它的在线存储数据功能让教练可以在任何地方进行分析。使用费用为每月约 20 美元。

WKO+（trainingpeaks.com/wko）。WKO+（workout plus）兼容所有功率计产品，以及各种设备，例如心率计、GPS 表、加速度计。所有电脑中的数据都可以上传到 TrainingPeaks 账户中进行备份。WKO+不支持 Mac 系统（译者注：目前已支持），不过第三方软件可以将 Mac 转变成 Windows 系统，从而可以使用本软件。商家的 14 天免费试用营销策略可以让你先用后买。

术语表

5%原则。这条原则是指当训练的时长翻倍时，长时间的骑行可维持的最大功率会降低 5%。

50—40—30—20—10 原则。这是指控制节奏时，速度和输出的配比关系。

短期训练负荷(ATL)。最近的训练负荷（例如 7 天），由频率、强度和时长共同决定，表示为每天的训练压力分数（TSS）。

有氧阈值。2 区训练，提高有氧耐力。

平均功率。某一次骑行的所有功率数据除以相应的时间。

五通。自行车车架上座管、下管和后下叉连接的部分，通常在此处安装中轴，从而连接曲柄。

踏频。脚踏转动的速率。见"每分钟转数"。

长期训练负荷 (CTL)。一段较长时间的训练负荷（例如 42 天），由频率、强度和时长共同决定，表示为每天的训练压力分数（TSS）。

曲柄。安装在中轴上，从五通延伸出来，连接脚踏的部分。

巡航间歇。一种在功率4区的间歇训练。

快速查找。WKO+软件或trainingpeaks.com提供的一种功能，可以快速找到被称之为"火柴"的高强度骑行时段。

力。用于克服阻力，如向下踩脚踏。见"扭力"。

力量重复。一种高挡位、低踏频、短时间、最大功率的训练，以提高肌肉力量。

功能阈值功率（FTP）。车手能够维持60分钟的最大平均功率。

强度因子（IF）。车手标准化功率（NP）与功能阈值功率的比例。其仅从强度的方面反映一段骑行的挑战性。

变速。一种由几次短时最大输出冲刺组成的训练，以提高冲刺能力。

关键训练。为车手的目标赛事所专门设计的训练。

千卡。能量的单位，1千卡=1000卡。见"千焦"。

千焦（kJ）。能量的单位，（1千卡=4.184千焦。）

乳酸阈值。血乳酸水平开始超过身体处理速度的强度。

火柴。比赛中，出于某种比赛目的而采取的短时间高强度骑行。

标准化功率（NP）。骑行经过可变因素修正后的平均功率。它比平均功率能更好地反映骑行的代谢成本（千卡）和输出。

峰值功率。车手在指定单位时间，如1分钟、5分钟，或60分钟可以实现的最高功率。

成绩管理图。WKO+软件和trainingpeaks.com中的一种分析工具，允许用户监控和管理长期训练负荷、短期训练负荷和训练压力平衡。

功率。在物理学中为力量和速度的乘积，在骑行中指转动的力（扭力）×踩踏频率。

功率计。在骑行中，一种测量扭力和踏频，从而计算并显示功率的设备。

功率曲线图。一幅可以显示各种时长的最佳峰值功率水平的图。

主观感知输出等级（RPE）。车手对于一段时间内骑行强度的主观感受评分系统，通常是 0～10 分或 6～20 分。

每分钟转数（转/分钟）。1 分钟内踩踏的次数。见"踏频"。

应力计。一种内置在功率计中的装置，用于测量受力形变后的电阻。

甜区。在 88%～93%FTP 的训练。

减量期。一种训练模式，在几天的时间内，训练负荷降低，让身体达到巅峰状态，进行备赛。

节奏（Tempo）。在功率 3 区进行的训练。

扭力。在骑行中，车手施加给曲柄的旋转力。

训练压力分数（TSS）。根据强度和时长计算出的训练负荷。

变化指数（VI）。标准化功率与平均功率的比。其与节奏紧密相关。

速度。路程除以时间。

VO₂max 间歇。在功率 5 区进行的间歇训练。

瓦。功率的单位。

功。描述外力对物体产生位移的物理量。

致谢

首先，我要感谢很多我教过的运动员，是他们让我能在训练中尝试新的想法，让我这 15 年在功率骑行方面学到了很多知识。如果没有他们，这本书也不可能存在，谢谢你们！

我要特别感谢安德鲁·科根博士的开拓性工作；他将骑行和比赛与功率紧密结合在一起。他用自己的精辟分析，为电脑时代带来了一项新技术。本书的大部分内容都基于他的模型。对于他在这么短的时间内为功率训练所做的贡献，我表示由衷的尊敬。

还有很多人为这本书做出了重要贡献，真心向下面这些人表示感谢。

亨特·艾伦（Hunter Allen），他和科根博士的著作 *Training and Racing with a Power Meter*，让我详细了解到功率训练的每一个细节，我向所有车手推荐这本书。这应该是目前最权威的作品。

比尔·科弗（Bill Cofer），我认识41年的老朋友，我们也经常一起训练。他非常热心，在第 2 章中他详细解释了物理学中功率的概念，并为第 10 章提出了个人建议。

特德·科斯坦蒂诺（Ted Costantino），VeloPress 的发行人，为我在写作过程中遇到的各种问题提供了耐心的指导，帮我顺利完成写作，他还教我如何解释一些复杂的概念。

运动生理学家阿兰·卡曾斯（Alan Couzens），我在书中多次引用了他的 50—40—30—20—10 节奏控制原则。

吉尔·费希尔（Gear Fisher），Peaksware，LLC 的 CEO，向我提供了数据分析软件术语方面的帮助。

德克·弗里尔（Dirk Friel），我的儿子，审校了软件图形，还有码表的内容。

贾斯汀·汉高（Justin Henkel），Saris 教学主任，为本书提供了建议，帮忙明确本书的编写目的。

VeloPress 的蕾妮·贾丁（Renee Jardine），帮助我设想了本书的雏形，并全力支持我的图书项目。

乌利·舒伯乐（Uli Schoberer），第一个移动功率计的发明者，SRM 公司的所有者，1995 年曾经借给我一个功率计，从而让我开始对功率训练产生兴趣。

最后，我要感谢乔伊斯（Joyce），46 年来一直支持我、爱我的妻子，她鼓励我，并帮我解决了偶尔出现的古怪想法。她一如既往地支持着我，只有她在凌晨 4 点，我在学习、撰写我感兴趣的东西时还陪伴着我。

关于作者

乔·弗里尔是 trainingpeaks.com 和 TrainingBible Coaching 的联合创始人。他拥有运动科学博士学位，1980 年开始训练耐力运动员，训练经验极其丰富。他的学员包括新手、精英业余车手和职业车手；不仅有 Ironman 铁人三项比赛冠军，还有美国和其他国家的国家冠军、世锦赛和奥运会运动员。

乔的图书作品包括 *The Cyclist's Training Bible(4Th Edition)*、*The Triathlete's Training Bible*、*The Mountain Biker's Training Bible*、*Cycling Past* 50、*Your First Triathlon*、*Your Best Triathlon* 和 *Total Heart Rate Training*。他还与别人合著了 *Going Long*、*The Paleo Diet for Athletes*、*Precision Heart Rate Training* 以及 *Triathlon Science*。

他还是 *Inside Triathlon*、*VeloNews* 和《220》杂志的专栏作家，也经常为其他国际杂志和网站撰稿。他还为耐力运动员组织研讨会和训练营，为企业和国家机构提供咨询服务。

　　作为年龄组选手，他曾获得科罗拉多州大师级铁人三项比赛的冠军，以及落基山地区和西南地区铁人两项比赛的年龄组冠军。他曾服役于多支全美车队，并在世锦赛上代表美国参赛。他还参加过 USA Cycling 自行车大组赛和计时赛。